Das große Buch von kleinen Bären

Das große Buch von kleinen Bären

Erzählungen · Bildergeschichten · Märchen
Gedichte · Lieder · Rätsel · Zeichnungen
Zum Mitmachen · Zum Liebhaben

Herausgegeben von Jutta Radel
Gestaltet von Brigitte Smith

Obelisk

Was alles in dem Buch steht

Statt eines Vorworts

Trostlied von den Sternen
von Nortrud Boge-Erli

Bist hingefalln? Hat's wehgetan?
Und mußt du jetzt gleich weinen?
Komm her zu mir, denk nicht mehr dran
erzähl dir was vom kleinen
vom kleinen Bär
vom großen Bär
von mitten in der Nacht:
im Sternkleid tanzt der große Bär
im Sternkleid tanzt der kleine Bär
den Himmel lang
und lacht.

Liebhabgeschichten

Ich bin ein kleiner Pumpernickel,
ich bin ein kleiner Bär,
und wie mich Gott geschaffen hat,
so zottel ich daher
(Alter Kinderreim)

In jedem Wald ist eine Maus, die Geige spielt
von Gina Ruck-Pauquet

In einem sehr kleinen Wald wohnte einmal ein sehr kleiner Bär. Mit ihm lebten eine Maus, ein Eichhörnchen und ein Rabe. An sonnigen Tagen spielte die Maus auf einer winzigen Geige, und der Bär tanzte dazu. Und nachts schliefen sie alle und schnarchten. Jeder in einer anderen Tonart. Es hätte ruhig so bleiben können, denn es war sehr schön. Aber leider geschah etwas Unerwartetes: der Bär wuchs. Zuerst wurde er nur ein kleines bißchen größer, und das wäre ja nicht so schlimm gewesen. Aber dann wurde er noch ein bißchen größer, und noch ein bißchen, und da war er schon ziemlich groß.
«Hör auf zu wachsen!» sagte die Maus. «Es wird eng im Wald.»
«Ich kann nicht aufhören», entgegnete der Bär, und er machte ein sehr unglückliches Gesicht.
Tatsächlich wuchs er wieder ein Stück.
«Du bist viel zu groß!» schimpfte das Eichhörnchen. «Wenn du hustest, wackeln die Bäume.»
Und der Rabe flog nur noch in der Luft herum, weil unten kein Platz war. «Es muß etwas geschehen!» jammerte die Maus. «Ich kann die Beine nicht mehr ausstrecken.»
Aber der Bär wurde immer noch größer.
Als er endlich aufhörte zu wachsen, war er so groß, daß er

an allen Seiten aus dem Wald herausquoll. Und wenn es regnete, wurde er naß.

«Du mußt ausziehen», sagten die anderen Tiere.

Und der Rabe, der alles von oben betrachtete und der daher einen Teil der Welt übersah, meinte: «Jenseits der Stadt liegt ein großer Wald. Dahin solltest du gehen.»

Da küßte der Bär der Maus die Pfote, winkte dem Eichhörnchen und dem Raben zu und machte sich auf. Er ging sehr langsam. Und manchmal blieb er stehen und seufzte:
«Ich armer, brauner Bär, brumm, brumm,
ich ziehe heimatlos herum.
Mein Herz ist mir so furchtbar schwer.
Zur Geige tanz' ich nimmermehr.»

Die Spatzen, die in den Bäumen saßen, lachten über ihn. Spatzen sind manchmal albern. Der Bär aber trottete weiter, bis er in die Stadt kam.

«Bitte, wo geht es zum großen Wald?» fragte er einen Mann mit einem Fahrrad. «Guten Tag, Herr Bär», entgegnete der Radfahrer höflich. «Steigen Sie auf!»

Da schwang sich der Bär hinten aufs Fahrrad, und der Mann radelte los. «Links ist der Fledermausturm!» rief er, «und rechts der Krötenfluß! Ich zeige Ihnen die ganze Stadt.»

Aber der Bär wollte die Stadt nicht sehen. Und so stieg er an einer Kreuzung unbemerkt ab. Der Schupo hielt alle Autos zurück, damit der Bär die Straße überqueren konnte. Die Leute zogen die Hüte, und manche schüttelten dem Bären die Pranke. Einfach so, im Vorbeigehen.

«Wo geht es zum großen Wald?» fragte der Bär eine Frau. «Oh», sagte die Frau, «wie schön, Sie zu treffen!»

Und sie hakte den Bären unter und nahm ihn mit zum Damenkränzchen. Da saß der Bär auf einem Plüschsofa mit Fransen, und es gab Buttercremetorte und Tee. Aber obschon ein honiggelber Wellensittich fröhliche Lieder sang, war der Bär sehr unglücklich. Und aus der Tasse trinken konnte er auch nicht. So machte er sich vorsichtig auf die Tatzen und sprang zum Fenster hinaus.

Er kletterte an einer Laterne empor und schaute sich um. Aber den großen Wald konnte er nirgends entdecken.

«Hallo, Herr Bär!» riefen ein paar Leute. «Sie sind eingeladen. Wir feiern ein Fest!»

Und sie zerrten ihn mit. Da mußte der Bär mit ihnen tanzen, und die Musik spielte dazu. Alle waren fröhlich, nur der Bär nicht.

«Wo geht es in den großen Wald?» fragte er.

Doch die Leute lachten, und ein Mädchen steckte ihm eine Blüte ins Fell. Da pustete der Bär die Kerzen aus und machte sich in der Dunkelheit davon. Lange lief er durch die nächtlichen Straßen.

«Wo liegt der große Wald?» rief er. «Wo liegt der große Wald?»

Aber er bekam keine Antwort. Der Bär wurde sehr traurig. Er war der traurigste Bär der Welt. Und das will schon etwas heißen, denn auf der Erde gibt es mindestens hunderttausendunddrei Bären. Er setzte sich an den Krötenfluß und machte die Augen zu. Wenn man nämlich die Augen schließt, bleibt die Welt draußen, und das ist manchmal sehr angenehm.

Im Krötenfluß schwamm der Mond. Vielleicht war es auch nur das Spiegelbild des Mondes. Und ein paar Sterne schwammen da auch. Den einen schluckte ein Fisch. Der Bär saß ganz still. Er bemerkte nicht einmal die Nachtfalter, die um seine Nase tanzten . . .

«Guten Abend, Bär!» rief da plötzlich jemand.

Es war ein kleiner Junge in einem Nachthemd. Er hockte sich neben den Bären und spielte ein bißchen auf seiner Mundharmonika.

«Wohnst du hier?» fragte er dann.

«Nein», brummte der Bär. «Ich suche den großen Wald. Aber ich werde ihn niemals finden.»

«Der große Wald ist nicht weit», meinte der Junge. «Bei der nächsten Laterne rechts, dann fünfundfünfzig Schritte links und immer geradeaus.»

Da umarmte der Bär den kleinen Jungen. Ganz vorsichtig natürlich. Bären sind ja furchtbar stark und kleine Jungen ziemlich zerbrechlich.

«Ich danke dir!» rief er. «Ich danke dir. Lebewohl!»

Und er machte sich auf den Weg.

Als der Bär in den großen Wald kam, traf er ein Eichhörnchen und einen Raben. «Es ist wie zu Hause», sagte der Bär, und er war sehr glücklich. «Aber gibt es auch eine Maus, die Geige spielt?»

«In jedem Wald gibt es eine Maus, die Geige spielt», entgegneten die beiden. «Man muß sie nur finden.»

Da ging der Bär in den grünen, duftenden Wald hinein und begann zu suchen.

Der Heidelbeerbär
von Friedl Hofbauer

Peter und die Mutter gingen in den Supermarkt einkaufen. Es roch nach Waschpulver und Schokolade und Grillhühnern. Peter holte einen Einkaufswagen, und sie fuhren am Waschtrommelberg vorüber und kamen auf den Kirschenkompottweg.

«Wir wollen gleich zum Käse», sagte die Mutter und legte ein rotes Netz voll mit Kartoffeln in den Einkaufswagen. «Und dann kaufen wir noch Milch und Papiertaschentücher. Wo sind denn die?»

«Hinter dem Sockenberg», sagte eine Frau.

Dicht neben dem Sockenberg stand ein hoher Drahtkorb, darin saßen lauter Teddybären. Ein kleiner Bär streckte die Pfote durchs Gitter.

Peter nahm die Pfote und schüttelte sie.

«Guten Tag, Bär», sagte er.

«Darf ich mitkommen?» fragte der Bär.

«Ja, komm nur mit», sagte Peter.

Der kleine Bär stieg aus dem Korb und sprang in den Einkaufswagen.

Die Mutter legte ein paar Socken neben die Kartoffeln und sagte: «Da sitzt ja ein Bär!»

«Er will mitkommen!» sagte Peter.

«Das geht nicht!» antwortete die Mutter.

Der kleine Bär mußte in den Käfig zurück. Er hing oben am Gitter und winkte Peter nach. Die Mutter und Peter

18

fuhren mit dem Einkaufswagen um eine Ecke und kamen in einen Gang voll bunter Flaschen. In den Flaschen war Himbeersaft und Grapefruitsaft und Bitter-Lemon und Pfirsichsaft und Heidelbeersaft.

Der kleine Bär winkte und winkte. Als er Peter nicht mehr sehen konnte, beugte er sich weit aus dem Korb und dabei purzelte er hinunter. Er tat sich nicht weh, denn er hatte einen weichen Pelz und war gut ausgestopft. Aber es kamen viele Füße daher, und Einkaufswagen kamen gerollt, und der kleine Bär bekam Angst und versteckte sich hinter einem Dosenturm.

Der Dosenturm war sehr hoch.

Vielleicht kann ich von ganz oben den Peter noch einmal sehen, dachte der kleine Bär und er begann den Dosenturm hinaufzuklettern.

Er kletterte und kletterte und kletterte.

Er war beinahe schon oben, da gabs ein lautes Gepolter, und der Dosenturm stürzte zusammen. Eine Dose stieß an eine Flasche Heidelbeersaft. Die Flasche sprang hinunter und zerbrach. Der kleine Bär plumpste in den Heidelbeersee.

Die Leute im Supermarkt hörten das Gepolter und kamen gelaufen. Da stand ein kleiner Teddybär in einem Heidelbeersee und zupfte sich Glassplitter aus dem Pelz. Auch Peter kam gelaufen.

«Mein Bär!» schrie er. «Hast du dir wehgetan?»

«Nein», sagte der Heidelbeerbär. «Mein Pelz ist dick!»

«Komm!» rief die Mutter.

Peter nahm den Bären an der Pfote, und sie gingen der

Mutter nach. Der Bär machte lauter blaue Heidelbeersaft-Schritte.

Die Kassierin sah den kleinen Bären an Peters Hand und sagte:

«Du hast ein Preisschild am Ohr. Warum sitzt du nicht im Einkaufswagen, wie es sich gehört? Du bist ein Supermarkt-Bär. Du darfst nicht weiter mitgehen, wenn du nicht bezahlt wirst.»

Der kleine Bär weinte blaue Heidelbeertränen.

«Mutter», sagte Peter. «Darf er wirklich nicht mitgehen? Schau, er kränkt sich so.»

«Er darf mitgehen», sagte die Mutter. «Aber so ein Heidelbeerbär kostet viel Geld. Wenn der Bär mitgeht, kann ich dir nichts mehr zum Geburtstag schenken!»

«Ich will nur den Heidelbeerbären!» sagte Peter.

Der kleine Heidelbeerbär umarmte Peter.

Peter umarmte den Heidelbeerbären.

«Jetzt müßt ihr alle zwei in die Badewanne», sagte die Mutter.

In der Badewanne war viel Schaum.

Der Schaum war heidelbeerblau.

Peter wurde sauber.

Der kleine Bär wurde lichtblau.

Die Mutter brachte zwei Handtücher.

Peter wurde trocken.

Der kleine Bär tropfte und tropfte. Er war ja auch innen voll Badewasser.

«Wir werden ihn auf einen Kleiderbügel setzen und ans Fenster hängen. Morgen früh ist er trocken!» sagte die Mutter.

20

«Warum ist der Bär noch immer blau und ich nicht?»
fragte Peter.

«Von einem Kind kann man Heidelbeersaft herunterwaschen», sagte die Mutter. «Von einem Teddybären aber
nicht.»

Die Mutter setzte den Heidelbeerbären auf einen Kleiderbügel und hängte ihn ans offene Fenster. Dort schaukelte
er im Wind. Peter konnte ihn von seinem Bett aus schaukeln sehen. Die Sterne kamen und der Mond.

«Da sitzt ja ein lichtblauer Bär auf dem Kleiderbügel»,
sagten die Sterne.

«Das ist ein Heidelbeerbär», sagte der Mond.

«Willst du zu uns heraufkommen?» riefen die Sterne.
«Bei uns wohnen schon zwei Bären, der Große Bär und
der Kleine Bär, die sind aus lauter Sternen gemacht. Aber
Heidelbeerbären haben wir noch keine. Willst du uns
nicht besuchen? Du mußt nur ganz stark schaukeln und
dann loslassen, und schon fliegst du zu uns herauf in den
Himmel.»

Der kleine Bär begann ganz stark zu schaukeln und dann
ließ er los, und schon flog er gegen den Himmel zu.

Der leere Kleiderbügel schaukelte noch ein Weilchen
alleine weiter, dann war er still.

Der kleine und der große Sternenbär warteten schon.

«Schön, daß du da bist, Heidelbeerbär!» brummte der
große.

«Schön, daß du da bist!» quietschte der kleine.

Da nahmen der große und der kleine Sternenbär den

Heidelbeerbären links und rechts an den Pfoten und spazierten mit ihm in den tiefen Himmel hinein. Der Sternenwind blies und brachte alle Sterne zum Klingeln.

Der Mond saß auf einer dunkelblauen Wiese und hütete Wolken. Ein paar leuchtende Bienen flogen herum. «Stechen die oder bringen sie mir Honig?» fragte der kleine Heidelbeerbär.

Der kleine Sternenbär schlug mit den Pfoten nach den Bienen, und der große Sternenbär brummte: «Kümmer dich nicht um die, Heidelbeerbär, das sind keine Bienen, das sind Raketen. Kümmer dich nicht um sie, die machen keinen Honig!»

Und sie gingen weiter.

Der Sternenwind blies und blies. Auf einmal mußte der kleine Heidelbeerbär niesen.

«Ist dir kalt, Heidelbeerbär?» fragten die zwei Sternenbären. «Du zitterst ja! Und dein Pelz ist ganz naß! Warum ist denn dein Pelz so naß?»

Aber der Heidelbeerbär konnte vor lauter Niesen nicht antworten.

Da führten die zwei Sternenbären den kleinen Heidelbeerbären bis an den Rand des Himmels.

Dort saß schon die Sonne.

«Komm zu mir, kleiner Bär, ich trockne dich!» sagte die Sonne. Und sie trocknete den kleinen Heidelbeerbären, bis kein Tropfen Wasser mehr in ihm war. Der kleine Heidelbeerbär war sehr froh.

«Jetzt erzähl uns, warum dein Pelz so naß war», sagten der große und der kleine Sternenbär, und auch die Sonne wollte es wissen.

22

Der kleine Heidelbeerbär saß auf dem Himmelsrand, ließ
die Beine baumeln und brummte:
«Ich bin der kleine Heidelbeerbär
und komme aus dem Heidelbeermeer.
Alles andre erzähl ich euch später!
Doch jetzt will ich wieder zum Peter!»
Und er sprang vom Himmelsrand herunter durch Wolken
und Sterne und immer tiefer und erwischte gerade noch
den Kleiderbügel vor dem Fenster. Und der Kleiderbügel
fing ganz heftig zu schaukeln an und schubste den kleinen
Heidelbeerbären ins Zimmer hinein. Der Bär landete auf
Peters Bettdecke und verkroch sich sofort darunter und
kuschelte sich neben den schlafenden Peter. Und er schlief
auch gleich ein.
Und als sie beide am Morgen aufwachten, der Heidelbeerbär und Peter, da waren sie glücklich, weil sie einander wiederhatten.

Minimax, der Bär

Angela Hopf 1978

Ein Bär auf der Jagd
von Hans Manz

Das ist kein Märchen: Es war einmal ein Bärchen, dem fehlten auf dem Kopfe Härchen.

Im Ernst: Als der Bär auf die Welt kam, hatte er ein wunderschönes Fell, um und um, nur oben, auf dem höchsten Hügel des Kopfes war ein nackter, kreisrunder Fleck. «Herrje, eine Glatze!» sagte der Vater, «das Haar wird bestimmt noch wachsen, es hat ja noch Zeit.» Aber es wuchs nicht, auch mit der Zeit nicht.

Da legte die Mutter Wurzeln auf den nackten Fleck: Meerrettiche, Baumwurzeln, Löwenzahnwurzeln, Bärenklauwurzeln. «Aus den Wurzeln wächst alles empor», sagte die Mutter, «das muß doch helfen!» Aber es half nicht. Die Mutter rieb mit Regenwasser ein. «Regenwasser bringt alles zum Wachsen.» Nichts. Sie rieb Hühnermist ein. «Die Menschen brauchen ihn auch für das Wachstum der Pflanzen.» Nichts. Da spuckte der Bruder des Bären in den bloßen Kreis: «Entschuldige!» sagte der Bruder, «es mußte sein. Wo ich hinspucke, gedeiht immer etwas.» Auf dem Bärenkopf gedieh aber nichts.

«Es ist nur halb so schlimm», sagte die Mutter, «trag eine Kappe!» Aber der Bär trug sie nur, wenn es kalt war. Im Sommer nahm er sie ab, erstens, weil es zu heiß war und zweitens, weil ihn alle Bären genau so merkwürdig anstarrten, wie wenn sie den unbehaarten Fleck sahen.

«Hilf dir selbst! Ein guter Bär weiß sich immer zu hel-

fen!» sagte der Vater. «Jag dir ein Tier, zieh ihm das Fell über die Ohren. Wir klebens dir dann auf den Kopf.»
«Mit Spucke», sagte der Bruder.
Der Bär ging hinaus in den Wald und begegnete einem Tiger, der gewaltig fauchte und sich sprungbereit machte. Schwupp! war der Bär schon weg und rannte ins Haus. «Hast du nichts gejagt?» fragte die Mutter. «Nein, im Wald ist nur ein Tiger gewesen und den mochte ich nicht fangen. Ich will keine Streifen auf dem Kopf.»
Am nächsten Tag ging der Bär wieder in den Wald auf die Jagd, sah von weitem einen Wolf kommen, der sich die Lippen leckte. Der Bär machte sich schleunigst aus dem Staube und lief heim. «Hast du nichts gejagt?» fragte die Mutter. «Nein, ich habe nur einen Wolf angetroffen und den mochte ich nicht fangen. Er hatte graue und weisse Haare im Fell. So alt möchte ich noch nicht aussehen.»
Bei der nächsten Jagd stand plötzlich ein Fuchs vor ihm und riß das Maul auf. Der Bär war schneller und kam ohne Schaden daheim an. «Hast du wieder nichts gejagt?» fragte der Bruder. «Nein. Ich habe nur einen Fuchs gesehen und den mochte ich nicht fangen. Er hat nach faulem Fleisch gerochen. Ich will keinen Gestank auf dem Kopf.»
«Das ist mein letzter Versuch», sagte der Bär, als er am nächsten Tag nochmals in den Wald ging. Er traf niemanden an und kam immer tiefer in den Wald hinein, stöberte durchs Unterholz, kroch in Büsche hinein, kletterte auf einen Baum. Da schlief auf der zweitobersten Astgabel ein Eichhörnchen, und sein Fell hatte die gleiche Farbe wie der Bärenpelz.

«Da haben wirs ja!» sagte der Bär, rieb sich vor Freude die Pfoten, erhob sich dann, um das Eichhörnchen zu erschlagen. Das Eichhörnchen öffnete ein Auge, blinzelte den Bären freundlich und ohne Angst an. «Entschuldige!» sagte der Bär, «es muß nicht sein. Ich will kein schlechtes Gewissen auf dem Kopf.» Er nahm die Pfoten herunter, gab eine dem Eichhörnchen und kletterte wieder den Stamm hinunter. Er setzte sich ins Moos, lehnte sich an den Baum, und weil er vom Jagen müde war, schlief auch er ein.

Da kam eine Haselmaus daher, eine Haselmausmutter mit einem sehr dicken Bauch, huschte dem Bärenbein entlang, krabbelte über den Arm und die Schulter auf den Bärenkopf. «Hoppla!» sagte sie. «Dieses Plätzchen ist ja wie geschaffen für mich. Es ist zwar nicht weich, aber ringsum hübsch warm.» Sie rupfte sich Haare aus, polsterte den nackten Kreis aus, machte sichs bequem und legte die Jungen ab.

Als der Bär erwachte, kribbelte es so eigenartig auf seinem Kopf. Er langte nach seinem blanken Fleck – wie er meinte – und spürte, daß da eine große Maus und vier kleine Mäuse, die sich nackt anfühlten, waren. Er erhob sich sehr, sehr sorgfältig, ging Schritt für Schritt nach Hause.

Da staunten die Mutter, der Vater, der Bruder. «Jetzt hast du ja Haare auf dem Kopf!» sagten sie. Der Bär schlief nur noch aufrecht auf Stühlen, bis die Jungen aus dem Kreisfleck krochen, über die Schulter und den Bärenarm hinunterkrabbelten und hinter der Mutter her übers Bärenbein davonliefen in den Wald hinaus.

Nach und nach wehte der Wind die Polsterhaare, die Maushaare wieder vom Bärenkopf. «Eigentlich bin ich ganz zufrieden mit meiner Glatze», sagte der Bär. «Vielleicht kann sie wieder einmal jemand gebrauchen.»

Entdeckung der Bärenhöhle
von Günter Bruno Fuchs

Der große Bär und der kleine Bär besuchen eine Höhle, die sie noch nie gesehen haben. In der Höhle hebt der kleine Bär einen Stein auf und wirft ihn tief in die Höhle.

«Aua!» ruft die Höhle, «was wirfst du da?»

Der kleine Bär ruft zurück: «Ich bin der kleine Bär, neben mir steht der große Bär!»

«Gut», sagt die Höhle, «ab heute heiße ich Bärenhöhle.»

Bruder Bär und Schwester Bär
von Hanna Muschg

Es waren einmal zwei Bären, die waren noch klein, aber sie hatten schon einen dicken Pelz wie große Bären. Tag und Nacht lebten sie in einer Höhle. Meistens schliefen sie. Und wenn sie nicht schliefen, kletterten sie auf ihrer Bärenmutter herum. Und am liebsten spielten sie Ringkampf.

Eine lange Zeit hatte Mutter Bär so mit ihnen gelebt und sie mit ihrem Bauch gewärmt und mit ihrer Milch gefüttert. Und Mutter Bär selber hatte nie etwas gegessen. Die Zeit war jetzt vorbei.

Mutter Bär sagte: «Ich bin dünn geworden nach all den Monaten. Ich will jetzt hinaus in den Wald und essen. Und ihr bleibt hier und versteckt euch gut.»

Mutter Bär ging zum Höhleneingang und machte mit ihren starken Pfoten ein Loch, damit sie hinauskonnte.

«Was? Hinaus in den Wald?» sagte Schwester Bär.

«Das kann doch nicht wahr sein», sagte der kleine Bär und gab seiner Schwester einen Stoß, daß sie über den Boden kugelte. «Jetzt wohnen wir schon so lange hier in der Höhle, und die Mutter hat noch nie etwas gegessen. Was ist auf einmal los mit ihr?»

«Vielleicht hat sie Hunger», sagte Schwester Bär.

«Wozu?» sagte der kleine Bär. «Sie ist doch schon groß.»

«Sie muß nicht mehr wachsen», sagte Schwester Bär. «Es

31

ist komisch, daß sie auf einmal Hunger hat.» Und dann gab sie ihrem Bruder einen Stoß in die Rippen, daß er durch die Höhle flog.

«He», brummte der kleine Bär und sprang seiner Schwester von hinten auf den Rücken. Und dann war ein wilder Bärenringkampf im Gange.

«Du», sagte Schwester Bär, als sie gerade ihren Bruder gegen die Wand gerollt hatte, «wir wollen mal sehen, wohin die Mutter gegangen ist.»

Wie der Blitz sind die kleinen Bären auf all die Äste und Zweige, die noch im Höhleneingang lagen, hinaufgeklettert und gehüpft und gestolpert. Und dann sahen sie hinaus ins Licht und in den hellen grünen Wald. Das hatten sie noch nie gesehen.

«Ach du Schreck», sagten die kleinen Bären.

«Das soll wohl der Wald sein», sagten die kleinen Bären.

Und dann sagten sie: «Ob es da draußen wirklich was zu essen gibt?»

Das konnten sie sich nicht vorstellen, weil sie noch nie etwas anderes als die Milch von Mutter Bär getrunken hatten.

«Wir wollen mal sehen, was es draußen gibt», sagten die kleinen Bären.

«Oder nicht?»

«Oder doch?»

Und schon waren sie mitten im nächsten Bärenringkampf. Es dauerte nicht lange, da waren sie beide über all das Gestrüpp hinuntergefallen auf den Waldboden. Dort wuchsen Blumen und Gras. Die Bären faßten alles an mit ihren Pfoten und sagten: «Das kann man nicht essen.»

32

«Oder doch?»

Zwischen den aufgeweichten Blättern lagen auch Buchek-
kern und Eicheln vom vergangenen Jahr. Die kickten die
kleinen Bären mit ihren Füßen herum und sagten: «Das
kann man auch nicht essen.»

«Oder doch?»

Und dann sahen sie, wie über den Waldboden eine
Schnecke kroch. Die trug ein Schneckenhaus auf ihrem
Rücken.

«He du», sagten die kleinen Bären.

Die Schnecke hörte auf zu kriechen und zog ihre Fühler
ein. Aber sie antwortete nicht.

Da drehten die Bären sie mit ihren Pfoten auf den Rük-
ken, und im gleichen Augenblick war die ganze dicke
Schnecke in ihrem Haus verschwunden.

Die kleinen Bären sahen überrascht zu.

«Vielleicht kann man das essen», sagten sie.

Auf einmal hörten sie Schritte, die von weitem näher-
kamen.

«Ach du Schreck», sagten die kleinen Bären, «schnell
zurück in die Höhle!»

So schnell sie konnten, rannten sie zurück und stolperten
das Gestrüpp hinauf, das vor dem Eingang lag. Aber
jedesmal, wenn sie fast oben waren, fielen sie wieder
herunter. Und dabei kamen die Schritte immer näher.

Die kleinen Bären blieben ganz still sitzen und hatten
Herzklopfen.

«Das muß ein Waldungeheuer sein», sagten sie.

Und dann war es kein Waldungeheuer, sondern Mutter
Bär, die aus dem Wald herauskam und ihre Kinder dort

ganz still und voller Angst auf der Waldlichtung sitzen sah.

«Gottseidank», dachten die kleinen Bären.

Sie liefen zur Mutter hin, um auf ihren Rücken zu klettern, aber die alte Bärin sah sie zornig an. Sie gab jedem eine fürchterliche Ohrfeige und sagte:

«Das macht ihr nicht noch einmal. Ihr könnt ja noch nicht mal richtig klettern. Wollt ihr, daß euch der Dachs beißt?»

«Aua», sagten die kleinen Bären.

Dann ließ Mutter Bär die Kinder auf ihren Rücken steigen und kletterte mit ihnen zurück in die Höhle.

Von da an übten die kleinen Bären das Klettern, jedesmal, wenn die Mutter im Wald war. Und eines Tages sagten sie: «Wir sind jetzt groß. Wir haben einen dicken Pelz. Wir können klettern. Wir wollen mit dir kommen.»

Da sagte die Mutter: «Groß seid ihr zwar noch nicht. Aber klettern könnt ihr. Von jetzt an kommt ihr mit in den Wald. Dort werdet ihr lernen, was ein großer Bär wissen muß. Nur eins müßt ihr mir versprechen: wenn es gefährlich wird, klettert ihr auf einen Baum, versteckt euch und wartet oben so lange, bis ich sage, daß ihr wieder herunterkommen könnt.»

Die kleinen Bären sagten: «Machen wir.» Sie hatten sich schon lange gewünscht, auf einen richtigen Baum zu klettern.

Am Anfang blieben die drei Bären auf der Lichtung vor der Höhle. Und wenn die kleinen Bären nicht gerade mit einem ihrer wilden Ringkämpfe beschäftigt waren, dann kletterten sie auf die Bäume, so schnell, daß die Eichhörn-

34

chen davonsprangen und die Vögel schreiend in den Wald hineinflogen.

Und später gingen sie mit ihrer Mutter auf den langen Rundgang. Mutter Bär zeigte ihnen, welche Pflanzen gut schmecken, wie man kleine Tiere ausgräbt, wie man Bienenhonig und Vogeleier findet und wie man größere Tiere fängt, wenn man Hunger darauf hat. Vor allem aber zeigte sie ihnen den Teich, denn große Bären haben großen Durst. Und Mutter Bär fing mit ihren schnellen Pfoten einen Fisch, riß ihn in zwei Stücke, und die kleinen Bären aßen ihn auf.

«Ich will auch einen Fisch fangen», sagte der kleine Bär und stieg auf einen Stein, der glatt und rund aus dem Wasser herausragte. Er mußte sich mit allen vier Füßen festhalten, um nicht ins Wasser zu fallen.

«Ich auch», sagte Schwester Bär, und schon war sie auch auf den Stein gesprungen.

«Nein!» konnte der kleine Bär grade noch schreien, und dann machte es platsch, und er zappelte im Wasser.

«Hilfe, ich kann schwimmen», schrie der kleine Bär. Dabei wäre er fast untergegangen.

«Das kann ich auch», sagte Schwester Bär.

«Kannst du nicht», schrie Bruder Bär und schnappte nach Luft.

«Kann ich doch», sagte Schwester Bär. Mit einem gewaltigen Satz sprang sie hinterher. Platsch machte es. Und dann war von ihr nichts mehr zu sehen.

«Siehst du», sagte der kleine Bär.

Kaum war er aus dem Wasser herausgeklettert, da tauchte auch der Kopf von Schwester Bär wieder auf. Sie schnappte nach Luft und tauchte dann wieder unter.

«Siehst du», sagte der kleine Bär noch einmal.

«Ich fange eben Fische», sagte Schwester Bär, als sie wieder auftauchte.

«Haha», sagte Bruder Bär. «Unter Wasser?»

«Wo denn sonst?» sagte Schwester Bär.

Aber jedesmal, wenn ein größeres Tier in der Nähe war, mußten die kleinen Bären wie der Blitz auf einen hohen Baum steigen. Dort saßen sie ganz still in den Ästen und saugten an ihren Pfoten, bis sie wieder herunterkommen durften.

Der Weg, den die drei Bären gingen, war immer der gleiche, und so kam es, daß die kleinen Bären bald jeden Baum und jeden Stein und jedes Erdloch kannten. Und wenn ihre Mutter an einem Baumstumpf oder an einem Erdhügel roch, dann rochen sie auch daran.

Die kleinen Bären rannten gern neben dem Weg in den Wald hinein, aber es gab Stellen, wo das verboten war.

«Dort wohnt der Nachbar», sagte die Mutter. «Laßt euch nicht erwischen. Der alte Kerl kann ziemlich grob sein.»

Dann ließ sie ihre Nase über den Boden schweifen und schnupperte.

«Was riechst du?» fragte Bruder Bär.

«Er ist lange nicht hiergewesen», sagte die Mutter. «Jetzt können wir rübergehen. Vielleicht finden wir was Gutes zum Essen.»

Wenn aber der Duft vom Nachbarn noch frisch war, ging die Bärin schnell weiter und sagte: «Eintritt verboten.»

Noch nie hatten die kleinen Bären den Nachbarn gesehen. Aber eines Tages waren sie mit ihrer Mutter an den Teich

gegangen und hatten viel Wasser getrunken wie große
Bären. Als sie eben auf einen flachen Stein klettern wollten, um auf Fische zu warten, da hörten sie von weitem
etwas knacken im Wald. Es hörte sich an, als ginge
jemand über trockene Zweige. Die Mutter hatte schnüffelnd die Nase in die Luft gehoben und sagte:
«Los, auf den Baum.»
«Nein, wir wollen unten bleiben», sagten die kleinen
Bären. «Wir sind doch schon groß. Und es kommt grade
so ein schöner Fisch.»
«Kommt überhaupt nicht in Frage», sagte Mutter Bär.
«Der Kerl ist viel zu groß für euch.»
«So eine Gemeinheit», sagten die kleinen Bären, als sie
oben auf dem Baum saßen.
Und da kam er auch schon, der Nachbar.
«Ach du Schreck», sagten die kleinen Bären. «Ist der
groß.»
Der Nachbar roch aufgeregt an ein paar Steinen. Dann
sah er sich wütend um und brummte.
«Ob unsere Mutter jetzt gegen ihn kämpfen muß?» sagten die kleinen Bären.
Aber die Mutter war nirgends mehr zu sehen. Sie war
weitergegangen in ihren eigenen Wald, wo sie ihre Ruhe
hatte. Die kleinen Bären sahen dem Nachbarn beim Trinken zu. Zwischendurch brummte er immer wieder und
schnüffelte ärgerlich in der Luft herum.
Die kleinen Bären saugten still an ihren Pfoten und hatten
Herzklopfen.
«Hier oben kann uns nichts passieren», flüsterten sie.
Dann kam der große Bär wieder herauf vom Wasser,

38

pinkelte auf verschiedene Steine und ging weiter in seinen Wald.

Es dauerte nicht lange, da kam auch die Mutter zurück und winkte ihre Kinder wieder herunter aus dem Versteck.

«Warum ist er unser Feind?» sagte der kleine Bär.

«Er ist gar nicht unser Feind», sagte Mutter Bär.

«Aha», sagten die kleinen Bären. Und sie nahmen sich vor, auch einmal so groß zu werden wie der große Bär.

«Ich bin jetzt schon größer als du», sagte Bruder Bär.

«Nein, ich bin größer», sagte Schwester Bär.

Und schon hatte wieder ein Ringkampf angefangen, und der war erst zu Ende, als beide Bären müde waren.

Dann kam der Winter. Die Bären hatten einen dichten Winterpelz bekommen und waren dick und rund geworden. Als es kalt wurde, hörten sie auf zu essen und trugen dann zwei Wochen lang Rindenstücke und Laub und Moos zusammen, um ihre Höhle auszupolstern für den Winterschlaf. Am Ende verschloß Mutter Bär den Eingang von innen. Es war dunkel, und alle drei legten sich schlafen.

Richtig aufgewacht sind sie erst wieder, als schon eine lange Zeit vergangen war. Das war im nächsten Jahr.

«Ich fühl mich so dünn und leer», sagte Schwester Bär.

«Ich mich auch», sagte Bruder Bär. «Ich glaube, ich habe Hunger.»

«Bärenhunger», sagte Schwester Bär.

Dann kletterten sie ihrer Mutter auf den Rücken. Sie schlief noch.

«Los, aufwachen!» sagten sie. «Hunger! Hunger!» Und sie bissen kräftig in den Pelz der Mutter, damit sie merkte, wie groß ihr Hunger war.

Die alte Bärin stand auf und brummte. Langsam streckte sie sich. Und als sie den Eingang aufgemacht hatte, sahen die Bären draußen die Abenddämmerung. Der Mond stand schon hoch am Himmel. Voller Freude kletterten sie miteinander hinaus, und es dauerte nicht lange, da hatten die drei hungrigen Bären mit ihren knurrenden Mägen alles Moos und alle Gräser aufgefressen, die auf der Lichtung wuchsen. Und dann gingen sie weiter auf ihren alten Rundgang.

«Hm», brummte Bruder Bär. «Ich will Pilze und Erdbeeren.»

«Das gibt's jetzt noch nicht», sagte die Bärin.

«Und ich will Vogeleier und Honig», sagte Schwester Bär.

«Das gibt's auch noch nicht», sagte die Bärin.

Als sie beim Teich angekommen waren, glitzerte er im Mondschein. Die jungen Bären stiegen auf einen flachen Stein, um auf Fische zu warten. Sie machten keine Bewegung. Das Wasser war ganz still, und unter sich sahen die Bären ihr Spiegelbild.

«Siehst du, wie groß ich bin?» sagte Schwester Bär.

«Und ich bin viel größer als du», sagte Bruder Bär.

Bei dem fürchterlichen Ringkampf, der dann folgte, sind sie beide miteinander ins Wasser gefallen, und zwar mit so viel Schwung, daß sich die Wellen über den ganzen Teich ausbreiteten. Der Ringkampf ging auch im Wasser noch weiter, und es dauerte eine Weile, bis sie prustend wieder an Land stiegen. Dort schüttelten sie ihren dicken

Pelz. Dann legten sie sich wieder auf die Lauer.

Alles war so still, wie es nur sein konnte. Plötzlich machte es platsch, und Bruder Bär zog seine Pfoten aus dem Wasser und hatte einen großen glitzernden Fisch gefangen. Bevor der Fisch ihm wieder wegspringen konnte, hatte er ihn schon aufgefressen.

Und dann machte es wieder platsch, und Schwester Bär hatte auch einen Fisch gefangen.

«Meiner ist größer als deiner», sagte sie.

«Ist er nicht», sagte Bruder Bär.

«Ist er doch», sagte Schwester Bär.

Und fast wären sie beim nächsten Ringkampf wieder ins Wasser gefallen.

«Wir sind jetzt groß», sagten sie zur Bärin.

«Ja, ihr seid jetzt groß», sagte die Bärin.

In diesem Augenblick hörten sie es knacken im Wald.

«Der alte Bär kommt trinken», sagte Schwester Bär.

«Los, auf den Baum», sagte die Bärin, und dann ging sie davon.

Die jungen Bären kletterten hinauf und versteckten sich, so gut sie konnten, denn der Baum hatte noch keine Blätter. Sie sahen dem alten Bären zu beim Trinken und Schnüffeln und Pinkeln, und als er wieder gegangen war, blieben sie still sitzen und warteten auf die Bärin. Sie warteten eine lange Zeit. Der Mond ging unter, und es wurde ganz dunkel. Die jungen Bären saugten an ihren Pfoten und warteten. Und Mutter Bär kam nicht. Dann ging die Sonne auf, und der Tag kam. Die Bären warteten weiter, aber Mutter Bär kam nicht.

«So eine blöde Mutter», sagte Bruder Bär. «Es ist doch

überhaupt nicht mehr gefährlich.»

«Weißt du was», sagte Schwester Bär, «wir gehen einfach allein weiter. Wir sind doch groß genug . . .»

«Nein, wir wollen noch warten», sagte Bruder Bär.

Sie warteten, bis es Mittag war. Und Mutter Bär kam immer noch nicht.

«Ich hab' Durst», sagte Schwester Bär.

«Ich auch», sagte Bruder Bär. «Und Hunger hab' ich.»

«Ich auch», sagte Schwester Bär.

«So eine blöde Mutter», sagte Bruder Bär noch einmal.

Dann wurde es Abend. Die alte Bärin war nicht gekommen, und Schwester Bär sagte:

«Vielleicht kommt sie nicht mehr, weil wir jetzt groß sind.»

Bruder Bär dachte nach. «Wir sind groß. Wir sind stark. Wir können alles, was ein Bär können muß. Wir können sogar Fische fangen. Und wir wissen selber, wann es gefährlich ist. Wir gehen jetzt.»

«Natürlich gehen wir», sagte Schwester Bär.

Sie sahen sich noch einmal nach allen Seiten um, und als sie nichts Verdächtiges entdecken konnten, stiegen sie hinunter.

Erst tranken sie Wasser, bis sie keinen Durst mehr hatten. Und dann fraßen sie alles, was sie finden konnten.

Der Mond stand jetzt wieder hell am dunklen Himmel, und die beiden jungen Bären gingen weiter auf ihrem alten Rundgang und schnüffelten, wie sie es von ihrer Mutter gelernt hatten.

«Komm mal hierher!» rief Schwester Bär. «Ich habe doch schon Pilze gefunden.»

42

Und sie aßen schmatzend alle Pilze auf, bis nur noch ein einziger dastand. Beide stürzten sich gleichzeitig auf den letzten Pilz, und es ist kein Wunder, daß dabei ein wilder Ringkampf ausbrach, bei dem sie sich abwechselnd auf den weichen Waldboden schleuderten. Am Ende keuchten sie beide vor Lachen. Aber der Pilz, der war nicht mehr da.

«Du hast ihn kaputtgetreten», sagte Bruder Bär.

«Nein, du hast ihn kaputtgetreten», sagte Schwester Bär. Wütend gab sie ihrem Bruder einen Stoß in die Rippen. Aber sie waren zu müde, um noch einen Ringkampf anzufangen.

Dann gingen sie weiter, bis sie bei der Waldlichtung vor ihrer Höhle angekommen waren. Dort stand die Bärin und scheuerte ihren Rücken an einem Baum.

«Na», sagte die Bärin freundlich.

«Da sind wir», sagten die jungen Bären. Und sie legten sich schlafen, aber nicht in der Höhle wie früher, als sie noch klein waren, sondern unter einem umgestürzten Baum in der Nähe. Dort schliefen sie den ganzen Tag. Erst am Abend standen sie wieder auf.

Schwester Bär sagte: «Wir sind jetzt groß.»

«Ja», sagte die Bärin.

Und Bruder Bär sagte: «Wir wollen fortgehen und uns selber ein Stück Wald suchen.»

Und Schwester Bär sagte: «Ich weiß auch schon, wo.»

«Das ist gut», sagte Mutter Bär.

Und dann gingen die jungen Bären davon, um sich ihren eigenen Platz zu suchen, jeder ein großes Stück Wald für sich allein.

Eine ungemein langweilige Bärengeschichte

Einmal
lief ein Bärenkind allein

mitten durch die Wüste.

Plötzlich fand es eine
Bärenspur....

....und dann noch eine....

...und noch eine ... und noch eine ... und immer mehr.

Aber so sehr das Bärenkind auch suchte: die Bären dazu,
die fand es nicht. Da wurde ihm die Wüste
ganz ungemein langweilig und es lief wieder heim

45

Paddington kauft ein
von Michael Bond

Das Warenhaus hatte mehrere Stockwerke, und es gab hier eine Rolltreppe und einen Lift. Frau Braun zögerte, dann nahm sie den kleinen Bären fest an der Pfote und führte ihn zum Lift.

Für Paddington war alles neu. Es machte ihm einen Riesenspaß, den Lift auszuprobieren. Als er mit Frau Braun in den Lift einstieg, waren schon viele Leute darin. Sie trugen viele Päckchen, und keiner achtete auf den kleinen Bären. Eine Frau stellte Paddington sogar ihre Einkaufstasche auf den Kopf.

Der kleine Bär war heilfroh, als der Lift im Erdgeschoß hielt und man endlich aussteigen konnte.

Frau Braun sah den kleinen Bären an. «Du bist ja ganz blaß geworden!» rief sie besorgt, «ist dir nicht gut?»

«Mir ist sogar richtig schlecht», murmelte Paddington. «Liftfahren mag ich nicht. Und ich wollte, ich hätte nicht so viel gefrühstückt!»

«Oje!» Frau Braun blickte sich um. Ihre Tochter Judy, die unterdessen etwas für sich einkaufte, war nirgends zu sehen.

«Bleib brav hier sitzen, Paddington! Ich suche rasch Judy», sagte Frau Braun.

Paddington setzte sich auf seinen Koffer und sah sehr traurig aus.

46

«Ich weiß nicht, ob mir besser wird», sagte er, «aber ich
will mein Bestes tun.»

«Und ich mache so schnell ich nur kann», tröstete ihn
Frau Braun. «Wir nehmen dann ein Taxi und fahren nach
Hause.»

Der kleine Bär stöhnte.

«Du Armer!» seufzte Frau Braun. «Es scheint dir wirklich
schlecht zu gehen. Du magst wohl auch noch nicht ans
Mittagessen denken?» Bei dem Wort Mittagessen stöhnte
Paddington noch lauter. Frau Braun ging nun Judy
suchen.

Paddington hielt eine Weile die Augen geschlossen. Als er sich etwas besser fühlte, spürte er ab und zu einen Hauch frischer Luft. Vorsichtig machte er ein Auge auf, um zu sehen, woher der Luftzug kam. Da entdeckte er, daß er nahe am Hauptausgang des Geschäftes saß. Da machte er auch das zweite Auge auf. Wenn er sich draußen neben die Glastür setzte, dann konnten Frau Braun und Judy ihn nicht verfehlen.

Aber als er sich bückte, um seinen Koffer aufzuheben, wurde es ihm plötzlich dunkel vor den Augen. Oje! dachte Paddington. Jetzt ist's wirklich aus mit mir! Mühsam tastete er sich zur Tür. Dort, wo er die Tür vermutete, war eine Wand. Er tastete sich ein bißchen weiter und drückte woanders. Diesmal bewegte sich etwas. Die Tür schien schwer aufzugehen. Paddington mußte heftig drükken. Als er die Tür ein wenig geöffnet hatte, zwängte er sich hindurch. Aber auch hier war es dunkel. Ach, wäre er doch geblieben, wo ihn Frau Braun zurückgelassen hatte! Er drehte sich und versuchte, die Tür wiederzufinden. Aber die war einfach weg. Paddington ließ sich auf seine vier Pfoten nieder und krabbelte voran.

Langsam kam er vorwärts. Da stieß er mit dem Kopf gegen etwas Hartes. Er wollte es mit der Pfote beiseite schieben, aber da bewegte es sich ein wenig. Er schob noch einmal.

Da gab es einen ohrenbetäubenden Lärm. Noch ehe er herausfinden konnte, was es war, fiel ein Berg von Schüsseln, Töpfen, Tassen und Tellern über ihn. Dem armen Paddington war es, als sei der ganze Himmel eingestürzt. Dann wurde es still. Der kleine Bär blieb einen Augen-

blick regungslos liegen. Er hielt die Augen geschlossen, kaum wagte er zu atmen. Von ganz weit drangen Stimmen zu ihm, und ein- oder zweimal hörte es sich an, als klopfte jemand an ein Fenster. Vorsichtig machte Paddington erst ein Auge auf und dann das zweite. Zu seinem Erstaunen entdeckte er, daß die Lichter alle wieder angegangen waren. Und jetzt wußte er, was mit ihm geschehen war. Die Lichter waren überhaupt nie aus gewesen! Nur seine Kapuze war ihm über das Gesicht gerutscht, als er sich im Laden nach seinem Koffer gebückt hatte. Deshalb war es so dunkel geworden. Paddington setzte sich auf und schaute sich um. Wo war er nur? Verblüfft stellte er fest, daß er in einem kleinen Raum mitten zwischen lauter Töpfen, Pfannen, Krügen und Eimern saß. Er rieb sich die Augen und betrachtete seine Umgebung.

Hinter ihm war eine kleine Tür, und vor sich hatte er ein großes Fenster. Auf der anderen Seite dieses riesigen Fensters war eine Menschenmenge versammelt. Die Leute stießen einander an und schauten alle zu ihm herein.

Mühsam stand er auf. Es war gar nicht so leicht, sich auf einem Stapel Blechbüchsen und Geschirr aufrecht zu halten. Paddington griff nach seiner Mütze. Die Menschen draußen lachten. Paddington verbeugte sich und winkte. Dann begann er den Schaden, den er angerichtet hatte, eingehend zu prüfen. Er wußte immer noch nicht recht, wo er war. Aber dann wurde es ihm plötzlich klar. Statt der großen Ladentür mußte er die Tür zu einem der Schaufenster geöffnet haben. «Ojemine», sagte er zu sich selbst, «da bin ich aber in einer verzwickten Lage.»

Wenn er alle diese Sachen umgeworfen hatte, dann war gewiß irgend jemand wütend auf ihn. Sicher war es nicht leicht, diesem die Sache mit der Kapuze begreiflich zu machen. Schließlich war ja nur die Kapuze an dem ganzen Unglück schuld.

Paddington bückte sich und fing an, das Schaufenster aufzuräumen. Langsam wurde es ihm warm dabei. Er zog seinen Mantel aus und hängte ihn an einen Nagel. Dann hob er eine von den Glasplatten auf, die auf den Boden gerutscht waren, und versuchte, sie auf einen der Blecheimer zu schieben. Es schien gut zu gehen. Paddington nahm einen zweiten Blecheimer und noch eine Spülschüssel und stellte beides auf die Glasplatte. Das Ganze war eine ziemlich wackelige Angelegenheit. Er stellte sich davor, um sein Werk zu betrachten: es sah gar nicht so übel aus!

Von draußen hörte er Zurufe, Lachen und Klatschen. Paddington winkte den Leuten und schob eine weitere Platte hinauf.

50

Unterdessen führte Frau Braun ein ernstes Gespräch mit dem Hausdetektiv.

«Sie meinen also, Sie hätten den kleinen Bären hier zurückgelassen?» meinte der Detektiv.

«Ganz richtig», erwiderte Frau Braun. «Es war ihm nicht gut, und ich habe ihn ermahnt, nicht wegzulaufen. Er heißt Paddington.»

«Paddington», schrieb der Mann in sein Notizbuch. «Was für ein Bär ist es, das heißt, was für eine Farbe hat sein Fell?»

«Ich möchte fast sagen, eine goldene Farbe», überlegte Frau Braun. «Er trägt einen blauen Mantel und hat einen kleinen Koffer bei sich.»

«Und er hat schwarze Ohren», fügte Judy hinzu. «Man kann ihn unmöglich verwechseln.»

«Schwarze Ohren», schrieb der Detektiv.

«Das wird Ihnen, glaube ich, weniger helfen», warf Frau Braun dazwischen. «Er trägt ja eine Mütze.»

Der Detektiv hielt eine Hand hinter sein Ohr: «Eine was?» fragte er mit lauter Stimme, denn gerade in diesem Augenblick kam von irgendwoher ein ganz entsetzlicher Lärm. Ab und zu tönte es wie Klatschen, und man hörte Leute jubeln.

«Eine Mütze», sagte Frau Braun. «Eine aus grüner Wolle, die ihm über die Ohren reicht. Mit einem Bommel obendrauf.»

Der Detektiv klappte sein Notizbuch zu. Der Lärm draußen nahm immer mehr zu. «Entschuldigen Sie mich bitte», sagte er. «Da muß irgend etwas vor sich gehen; ich muß die Sache untersuchen.»

51

Frau Braun und Judy sahen sich an. Sie hatten beide den gleichen Gedanken. Beide sagten: «Paddington» und liefen hinter dem Mann her. Frau Braun hielt sich an der Jacke des Detektivs fest und Judy am Mantel ihrer Mutter. So bahnten sie sich einen Weg durch die Menschen. Gerade als sie bei dem Schaufenster vorbeikamen, brauste neuer Beifall auf, und wildes Gelächter ertönte.

«Paddington!!! Das hätte ich mir doch denken können», rief Frau Braun entsetzt.

Der kleine Bär hatte gerade eine Pyramide aus Tellern, Büchsen, Schüsseln und Tassen gebaut. Wenigstens sollte es eine Pyramide werden. Aber als er auf die Pyramide stieg, um noch eine Tasse auf den Turm zu stellen, wurde die Sache schwierig. Wie sollte er von diesem Turm wieder herunterkommen. Er streckte seine Pfote aus. Sofort fing die Pyramide an zu wackeln. Hilflos saß der kleine Bär oben und klammerte sich an der großen Blechbüchse fest. Und plötzlich fiel der ganze Turm in sich zusammen. Paddington saß wieder obendrauf.

Die Zuschauer waren begeistert. «Das Beste, was ich seit Jahren gesehen habe!» sagte ein Herr zu Frau Braun. «Die lassen sich etwas einfallen in der Werbung!»

«Macht er es nochmal, Mutti?» fragte ein kleiner Junge. «Ich glaube nicht, Bill», antwortete seine Mutter. «Ich nehme an, daß er nun Feierabend hat.»

Sie zeigte zum Schaufenster, wo der Detektiv gerade den kleinen Bären hochhob und aus dem Schaufenster schaffte.

Frau Braun hastete zum Eingang zurück. Judy folgte ihr.

In der Eingangshalle stand der Detektiv, blickte streng auf Paddington und dann in sein Notizbuch: «Blauer Mantel», murmelte er, «grüne Wollmütze!» Er zog dem Bären die Mütze vom Kopf. «Schwarze Ohren? Stimmt! Dann bist du also Paddington», sagte er grimmig.

Der kleine Bär fiel beinah auf den Rücken. «Woher wissen Sie meinen Namen?» fragte er vor Staunen.

«Ich bin Detektiv», antwortete der Mann. «Es ist meine Aufgabe, so etwas herauszufinden. Wir sind immer auf der Suche nach Verbrechern.»

«Aber ich bin doch gar kein Verbrecher!» schrie Paddington. «Ich bin nur ein kleiner Bär und habe das Schaufenster aufräumen wollen . . .»

«Das Schaufenster aufräumen wollen?» rief der Detektiv. «Ich weiß nicht, was Herr Lucas dazu sagen wird.»

Paddington fühlte sich unbehaglich. Herr Lucas, das war wohl so etwas wie der Stationsvorstand. Da entdeckte er Frau Braun und Judy, die auf ihn zurannten. Es kamen aber noch mehr Leute. Auch ein Mann in einer schwarzen Jacke und gestreiften Hosen, der sehr würdig aussah.

Sie alle kamen zu gleicher Zeit bei Paddington an und sprachen wild durcheinander.

Der kleine Bär setzte sich auf seinen Koffer und schwieg. Es gab Augenblicke, da man besser gar nichts sagte.

Schließlich war es der ‹würdige› Herr, der die anderen übertönte, denn er hatte die lauteste Stimme. Er beugte sich zu ihm herunter, ergriff seine rechte Pfote und schüttelte sie heftig.

«Herrlich! Großartig! Und vielen Dank, kleiner Bär!» rief er immer wieder mit dröhnender Stimme.

«Aber wofür denn?» stotterte Paddington. Er konnte sich das alles gar nicht erklären. Aber dieser Herr schien tatsächlich hoch erfreut zu sein. Er wandte sich an Frau Braun.

«Sie sagten, der kleine Bär heiße Paddington?»

«Ja», sagte Frau Braun ängstlich, «aber er hat sich ganz bestimmt nichts Böses dabei gedacht.»

«Böses?» Der Mann mit den gestreiften Hosen lachte schallend. «Sagten Sie Böses? Meine liebe, gute Frau. Das war doch eine glänzende Idee! So viele Menschen standen seit Jahren nicht mehr vor dem großen Schaufenster. Noch nie haben wir so viel verkauft.» Er zeigte zum Ladeneingang. «Schauen Sie nur die vielen Leute, wie sie sich drängen, um hereinzukommen. Einfach großartig!»

Frau Braun sah den Herrn mit den gestreiften Hosen verblüfft an.

«Unsere Firma ist nicht kleinlich, nein, gewiß nicht», begann der Herr mit den gestreiften Hosen von neuem. «Unsere Firma will sich gern großzügig bedanken, Paddington. Wenn du etwas im Kaufhaus siehst, das dir gefällt, dann sag' es mir nur.»

Paddingtons Augen glänzten. Er wußte ganz genau, was er gern haben wollte. Auf dem Weg hatte er in der Lebensmittelabteilung etwas entdeckt. Es stand in einer Ecke. Das größte, das er je gesehen hatte! Fast so groß wie er selbst . . .

«Bitte», sagte der kleine Bär, «ich hätte gern eins von diesen Marmeladegläsern, eins von den ganz großen.»

Wenn der Betriebsleiter des Kaufhauses sich wunderte, so zeigte er es jedenfalls nicht. «Aber», sagte er, «aber

54

selbstverständlich sollst du dein Marmeladeglas bekommen.» Er ging zum Lift und drückte auf den Knopf.
«Ich glaube», flüsterte ihm Paddington beklommen zu, «wenn es Ihnen nichts ausmacht, möchte ich lieber laufen. Ich fahre nämlich nicht gern Lift.»

Dicke Freundschaften

Du dicke schwarze Hummel,
was machst für ein Gebrummel?
Grad wie ein kleiner Zottelbär,
so brummig kommst du ja daher.
(Ein Neckvers)

Kragenbär
von Ilona Bodden

Sagt mir, wo hat der Kragenbär
nur seinen großen Kragen her?
Ging er ins nächste Warenhaus?
Lieh er ihn beim Herrn Pfarrer aus?
Nimmt er ihn ab wie einen Zaum
und hängt ihn an den nächsten Baum,
damit er nicht zerdrückt beim Schlummer?
Hat er oft mit dem Säubern Kummer?
Ist ihm sein Zustand einerlei?
Bringt er ihn in die Wäscherei
zum Bügeln, wenn er ihn getragen?
Jaja – das sind so dumme Fragen ...

Buster aus dem Zirkus
von Martin Ripkens und Hans Stempel

Buster, der Tanzbär, war der größte. Das meinten jedenfalls alle Kinder, die je den Zirkus Trubal besucht hatten.
Er konnte sich eine Krawatte knüpfen, ohne in den Spiegel zu schauen. Er konnte einen Tisch für zwölf Personen decken, den gespickten Braten einbegriffen. Er konnte sogar die Nationalhymne spielen, wenn auch nur auf der Drehorgel.
Und wenn ihm dann der Dompteur einen Topf Honig brachte, verbeugte er sich bis zum Boden und schrieb auf eine Tafel: 2 + 2 = 5. Darüber freuten sich die Kinder am meisten, denn sie wußten ja alle, daß 2 + 2 = 4 ist.
Doch nicht nur im Zirkus mußte Buster Kunststücke machen. Wenn samstags im Fernsehen eine Posse mit Gesang lief und der Direktor Pimpinone um seine Zuschauer bangte, dann wurde Buster auf die Straße geschickt, um mit der Fahne des Fußballvereins für den Zirkus Reklame zu laufen.
Direktor Pimpinone brüstete sich: Buster tut alles, was ich ihm sage!

Um so unerwarteter kam das Pfingstereignis. Es geschah während einer Wohltätigkeitsveranstaltung. Unter dem Beifall der Zuschauer band sich Buster seine Krawatte. Auch breitete er noch brav das Tischtuch über den Tisch,

den er wie üblich decken sollte. Den Braten aber fraß er
einfach auf. Dann rülpste er, daß die Gläser klirrten, und
warf die Teller wie fliegende Untertassen ins Publikum.
Direktor Pimpinone wurde rot vor Zorn. Die Frau Bür-
germeister wurde weiß vor Schreck. Empörte Eltern führten ihre jubelnden Kinder ab. Und jemand, der es ganz
genau zu wissen glaubte, rief: Das kommt davon, wenn
man den Bären keinen Ring mehr durch die Nase zieht!
Selbst die Artisten in der Zirkuskuppel waren ratlos.

Am nächsten Morgen war Buster verschwunden. Er war nicht länger bereit, den dummen August zu spielen. In seinem Käfig lag nur ein Zettel, auf dem zu lesen stand: $2 + 2 = 4$.

Der Wärter schimpfte: Wie undankbar! Wo ich ihm doch immer die Küchenabfälle gebracht habe!

Der Dompteur schimpfte: Wie undankbar! Wo ich ihm doch immer die schönsten meiner alten Krawatten geschenkt habe!

Direktor Pimpinone aber rief einfach die Polizei.

Derweil trottete Buster die Landstraße nach Grimmelshausen entlang, nicht wissend, wie gefährlich es für einen entflohenen Bären ist, arglos durch die Welt zu laufen. So merkte er fast zu spät, daß er von eifrigen Polizisten verfolgt wurde. Mit einem dreifachen Purzelbaum rettete Buster sich in den Wald, kletterte auf eine hohe Eiche und ärgerte sich so grün, daß er nicht mehr gesehen wurde.

Von seinem Baum aus sah Buster auf eine Wiese. Da saßen lauter Männer, die aßen Brot und tranken Wein und sangen: Kein schöner Land in dieser Zeit als wie das unsre weit und breit.

Diese fröhlichen Leute, dachte Buster, werden mir sicher sagen können, wie ich ins Land der Braunbären komme.

Doch als er schnurstracks auf sie zuging, ließen sie alles stehen und liegen und liefen schreiend davon.

Buster wunderte sich, daß die Menschen sich so vor ihm fürchteten. Er nahm eine Jacke und einen Hut und verkleidete sich, um ihnen ähnlich zu sein.

Nach einer Weile begegnete er einem Eichhörnchen, einem Hasen und einem Reh, die alle drei davonliefen, noch ehe er ihnen guten Tag sagen konnte.

Wie merkwürdig! dachte Buster. Im Wald scheinen die Menschen ja nicht sehr beliebt zu sein!

Und er warf Jacke und Hut in den nächsten Graben.

Als es Nacht wurde, kam Buster in eine große Stadt. Neugierig blieb er vor einem Spielzeugladen stehen. Er drückte seine Nase gegen die Schaufensterscheibe und blickte auf die vielen Teddybären.

Er schlug mit der Pfote gegen die Scheibe, aber niemand rührte sich. Er schlug ein zweites Mal zu, und die Scheibe zerbrach.

Voller Freude griff Buster nach einem Teddy mit Knopfaugen. Aber der machte nur Bäh!, ganz wie ein Schaf. Erstaunt griff Buster nach einem zweiten Teddy. Der trug eine Trommel vor seinem Bauch und fing sogleich zu trommeln an. Da griff Buster wütend nach einem dritten Teddy. Doch als er ihn in die Arme nahm, platzte das Fell, und Sägemehl rieselte auf den Boden.

Tags darauf schrieben die Zeitungen: Haltet den Bären! Haltet den Bären! Und der General-Anzeiger, der früher immer vom braven Buster gesprochen hatte, nannte ihn jetzt nur noch den Luderbär.

Buster war vorsichtig geworden und wanderte nur noch nachts.

Eines Morgens, er verkroch sich gerade in einem Heuhaufen, traf er auf einen kleinen Jungen, der die Schule schwänzte.

Will dir der Lehrer denn einen Ring durch die Nase ziehen? fragte Buster.

Nein, sagte der kleine Junge, der Murkel hieß, aber ich mag nicht rechnen lernen!

Da freute sich Buster erstmals, daß er bis zehn zählen konnte, und stolz brummte er:

1 Stück Hammelbraten

2 Eimer mit bunten Salaten

3 Haxn vom Spieß

4 Knödel aus lockerem Grieß

5 Schüsseln mit Reis

6 Becher Schokoladeneis

7 Teller Torte

8 Happen Käse feinster Sorte

9 Pfoten voll Nüsse

und obendrauf 10 Negerküsse

– das könnte mein Magen

jetzt wohl vertragen!

Dann malte er dem Murkel die schönsten Zahlen auf die Tafel. Besonders gut gelang ihm die 8, die wie eine gemütliche Marktfrau aussah.

Um Mitternacht, nur noch der Mond leuchtete, zeigte der Murkel dem Buster ein fabelhaftes Versteck. Über die Hintertreppe eines geheimnisvollen Hauses kamen sie in einen Saal, an dessen Wänden abgesägte Äste hingen, auf denen tote Vögel saßen. Auf dem Fußboden standen gläserne Kästen mit Murmeltieren, Mardern und Mungos. Und neben der Tür stand stumm und starr ein großer Graubär. Der hatte eine Lanze in der Pfote und ein Schild um den Hals, auf dem zu lesen stand:

Montags geschlossen!

Anfassen verboten!

Aktentaschen abgeben!
Rauchen untersagt!
Fotografieren unerwünscht!
Toilette 20 Pfennig!
Garderobe 50 Pfennig!
Eintritt 1 Mark!
Was ist denn das für ein Gedicht? fragte Buster.
Pst! flüsterte Murkel. Wir sind doch in einem Museum!
Ein Museum? fragte Buster. Was ist denn das?
Da gehen die Menschen hin, wenn es sonntags regnet!
sagte Murkel. Hier hast du bestimmt deine Ruhe!
Das alles hörte Minus, die Museumsmaus. Knabberkeks
und Käsekuchen! rief sie. Endlich kommt wieder Leben
ins Haus.

Nachdem Murkel fortgegangen war, kam Minus aus
ihrem Mauseloch und trommelte mit ihren Vorderpfoten
gewaltig auf den Boden. Doch Buster hörte nichts.
Da rief Minus mit dünner Stimme: Herr Bär! Herr Bär!
Herzlich willkommen! Ich bin Minus, die Maus! Sie
ahnen ja gar nicht, wie trostlos so ein Museum ist! Einmal
im Jahr kommt ein Lehrer mit seinen Kindern. Das ist für
mich ein großes Fest. Krümel überall, und manche Kinder
lassen sogar ihr Frühstücksbrot liegen. Denn wissen Sie:
Mein Museumsdiener, der früher so gern Speckschnitten
aß, hat schon seit Jahren Bauchweh und schluckt nur
noch Tropfen und Tabletten! So jammerte Minus bis in
den hellen Tag hinein. Da knarrte plötzlich eine Tür, und
herein kam der Museumsdiener, krumm und kurzsichtig.
Mit einem Satz verschwand Minus in ihrem Loch. Buster

aber erstarrte vor Schreck: Er sah aus wie ein Museums-
stück.

In einer Weintonne, die wegen ihres ehrwürdigen Alters
im Museum stand, fand Buster Unterschlupf. Er träumte
gerade einen wunderschönen Traum, als er durch ein
Klopfen geweckt wurde.

Es waren Murkel und seine Freunde, und jeder hatte ihm
etwas mitgebracht: ein Glas Honig, ein Rosinenbrot, eine
Blutwurst und eine Dose Erdbeeren. Den Büchsenöffner
hatten sie leider vergessen. Buster schmauste und
schmatzte nach Herzenslust. Dann rülpste er dreimal und
rief: Jetzt bin ich satt! Jetzt will ich endlich ins Bärenland!
Weiß denn niemand, wo das Bärenland liegt?

Ratlos sahen die Kinder sich an:

Vielleicht dort, wo der Bär Puh wohnt?

Vielleicht dort, wo der Yogi-Bär herkommt?

Vielleicht dort, wo Mischa und Grischa hausen?

Um ihn zu trösten, brachten die Kinder ihm ein Buch vom
Yogi-Bär. Da sah Buster, daß dieser berühmte Bär nur ein
Bilderbuchbär war.

Noch lange wäre Buster in seiner Tonne geblieben, hätte
ihn nicht die Dose mit den Erdbeeren verraten. Als er sie
eines Morgens mit seinen bloßen Pfoten öffnen wollte,
rollte sie auf den Boden und zerschlug den gläsernen
Kasten mit Mungo, dem Schlangentöter. So wurde Buster
über Nacht zum Tagesgespräch, und der General-Anzeiger schrieb marktschreierisch: Unsere Kinder in den Armen eines Raubtiers!

Das erzürnte den berühmten Doktor Zipf, der in einem

gelehrten Leserbrief schrieb: Gewiß, Bären sind Raubtiere. Aber seit Heinrich von Kleist sollte eigentlich jedermann wissen, daß Bären friedfertig sind, sofern sie nicht Hunger leiden oder angegriffen werden!

Zirkusdirektor Pimpinone aber verlangte, den Luderbär unverzüglich hinter Schloß und Riegel zu setzen, mochten der Murkel und seine Freunde auch noch so sehr protestieren.

Murkel und seine Freunde überlegten, wie sie Buster vom Zirkus freikaufen könnten. Sie zerschlugen ihre Sparschweine, aber das Geld reichte nicht. Da schickten sie die drei schlausten in die Stadt. Der erste verkaufte auf dem Markt die eingelegten Heringe seiner Mutter. Der zweite lief in die Drehtür des Grandhotels, schrie wie ein Opferlamm und ließ sich ein Schmerzensgeld geben. Der dritte stahl sogar Blumen von den Gräbern und bot sie mit Trauermiene am Eingang des Friedhofs feil.

Aber die Rechnung ging nicht auf. Der erste wurde von seinem eigenen Vater erwischt, der zweite vom Hotelportier verprügelt, der dritte von der Blumenfrau zur Polizei geschleppt.

Jetzt kann uns nur noch Buster selber helfen! meinte Murkel.

Heimlich holte er mit seinen Freunden den Luderbär aus dem Gefängnis und führte ihn auf den Marktplatz.

Buster freute sich und tanzte, bis ihm die Hinterpfoten weh taten. Bald hatten Murkel und seine Freunde mehr Geld gesammelt, als sie brauchten, um den Luderbär freizukaufen. Stolz erklärte Murkel: Jetzt bauen wir Buster den schönsten Käfig der Welt mit einem buntkarierten Bett! Und fortan tanzt er nur noch für uns!

Der Doktor Zipf, dem das zu Ohren kam, schüttelte betrübt den Kopf. Ist denn ein Käfig mit einem buntkarierten Bett kein Käfig? Macht es einen Unterschied, ob Buster für euch oder für andere tanzt?

Aber wir wollen doch nur, daß Buster glücklich wird! beteuerte Murkel. Dann müßt ihr ihn dorthin führen, wo der wilde Honig wächst und wo er andere Bären findet, die ihm das Fell kraulen! sagte der Doktor Zipf. So kauften die Kinder dem Luderbär eine Flugkarte zum Bärensee und schenkten ihm einen Fallschirm, damit er abspringen konnte, wo immer es ihm gefiel.

Und wenn ihn kein Fallensteller gefangen hat, so lebt er noch heute dort.

Paul Maar

Der Faulpelz
von Brian Wildsmith

Es war einmal ein Bär, der war so lieb und höflich, daß
ihn jedermann gern hatte. Der Bär machte gern lange
Spaziergänge, und als er eines Tages so dahintrottete,
fand er einen alten Karren. Der stand ganz allein zuoberst
auf einem Hügel. Der Holzfäller hatte ihn dort vergessen.
Noch nie hatte der Bär einen Karren gesehen. So roch er
daran, betrachtete ihn von allen Seiten und schließlich
setzte er sich hinein. Zu seiner Überraschung fing der
Karren an, sich zu bewegen. Er rollte den Berg hinab, und
der Bär fühlte sich ziemlich unbehaglich. Wie er aber
unten ankam, fand er die Fahrt herrlich. Er fand sie so
herrlich, daß er den Karren geradewegs wieder auf den
Hügel schob und nochmals hinuntersauste. Und das
machte er immer wieder, und jedes Mal ein bißchen
schneller. «Das macht Spaß», dachte er, «wenn nur das
Hinaufschieben nicht wäre, das gefällt mir gar nicht.»
Jeden Tag fuhr er nun mit seinem Karren von morgens bis
abends, aber jeden Tag gefiel es ihm weniger, daß er den
Karren immer wieder hinaufschieben mußte. Plötzlich
hatte er eine Idee. Er suchte seinen Freund, den Waschbären, erzählte ihm von seinem herrlichen Karren und lud
ihn ein, mit ihm hinabzufahren. Natürlich war der
Waschbär neugierig und ging mit dem Bären.
Unterwegs begegnete ihnen das Reh. «Komm mit», sagte

der Bär, «dann kannst du mit uns in dem Karren fahren.»
Das Reh war natürlich neugierig und ging mit dem Bären.
Unterwegs begegnete ihnen die Ziege. «Komm mit», sagte der Bär, «dann kannst du mit uns im Karren fahren.»
Die Ziege war natürlich neugierig und ging mit dem Bären.

Schon nach kurzer Zeit sausten sie alle den Hügel hinab. «Wie herrlich!» rief der Waschbär. «Wie großartig!» rief das Reh. «Sehr bequem!» rief die Ziege.

Am Fuß des Hügels stiegen sie aus, nur der Bär blieb sitzen. «Hallo Bär, steig aus und hilf schieben», riefen der Waschbär, das Reh und die Ziege. «Ich soll schieben?» sagte der Bär. «Wenn ich euch erlaube, in meinem Karren zu fahren, könnt ihr mich doch wenigstens den Hügel wieder hinaufstoßen!» und er blickte sie so zornig an, daß seine Freunde ihm vor Schreck gehorchten.

Wiederum sausten sie alle hinab, und der Waschbär, das Reh und die Ziege schoben den Karren mit dem schweren Bären wieder hinauf. «Was können wir tun?» flüsterten sie untereinander. «Das ist zu schwer für uns, aber wenn wir nicht gehorchen, wird der Bär uns packen. Er ist ganz anders als sonst.» Und dann, als sie den Bären vielleicht schon zum hundertsten Male hinaufgeschoben hatten, kam der Ziege ein Gedanke. «Hört zu», flüsterte sie, «ich weiß, was wir machen.» Alle drei steckten die Köpfe zusammen und berieten miteinander.

Der Bär sah sich inzwischen vom Karren aus die schöne Aussicht an und merkte nichts, bis sie wieder zuoberst ankamen. Dann rief die Ziege: «Los – und hinab mit ihm!» Und der Karren mit dem Bären darin rollte auf der anderen Seite des Hügels hinunter. Da war es aber sehr steil. Schneller und schneller rollte der Karren, bis er sich am Fuß des Hügels überschlug und der Bär kopfüber in den Teich fiel. Das schlimmste aber war, daß die anderen Tiere des Waldes am Ufer standen und ihn auslachten. «Es geschieht dir recht», sagten sie, «es war gar nicht nett von dir, deine Freunde so zu quälen.» Aber sie zogen ihn aus dem Wasser und halfen ihm auch, den Karren wieder instand zu setzen.

«Jetzt mußt du den Waschbären, das Reh und die Ziege hinaufstoßen», sagten sie, «dann wirst du merken, wie mühsam es für die anderen war, ein so großes und schweres Tier wie dich den Hügel hinaufzuschieben.» Und so schob der Bär seine Freunde den Hügel hinauf, nicht nur einmal, sondern viele Male, und jedesmal verstand er ein bißchen besser, wie schlecht er sich benommen hatte.

Schließlich sagte er: «Es tut mir wirklich leid, daß ich euch so gequält habe. Ich will es nie wieder tun.» Darauf baten der Waschbär, das Reh und die Ziege den Bären einzusteigen, und alle vier sausten mit großer Geschwindigkeit den Hügel hinab. Unten angekommen, stiegen sie aus und schoben den Karren wieder hinauf, und diesmal alle miteinander.

Der kleine Bär fliegt zum Mond
von Else Holmelund Minarik
mit Bildern von Maurice Sendak

Ich habe einen neuen Fliegerhelm.
Ich fliege los zum Mond,
sagte der kleine Bär zu Mutter Bär.

Fliegen? sagte Mutter Bär.
Du kannst nicht fliegen.
Vögel fliegen doch auch, sagte der kleine Bär.
O ja, sagte Mutter Bär, das tun sie.
Aber sie fliegen nicht bis zum Mond.
Und du bist kein Vogel.

Vielleicht fliegen manche Vögel
doch bis zum Mond,
wer weiß.
Und vielleicht kann ich fliegen wie ein Vogel,
sagte der kleine Bär.

Nur vielleicht, sagte Mutter Bär.
Du bist ein kleiner dicker Bär
und hast keine Flügel und keine Federn.
Vielleicht plumpst du
recht schnell wieder herunter,
wenn du losfliegst.

Vielleicht, sagte der kleine Bär.
Aber jetzt muß ich gehen.
Wenn du mich suchst,
bin ich dort oben am Himmel.

Komm aber heim zum Mittagessen,
sagte Mutter Bär.

Der kleine Bär dachte:
Ich will irgendwo hinaufklettern,
und dann mache ich einen Sprung
hoch hinauf
in den Himmel
und fliege weit, weit, weit.
So schnell fliege ich dann,
daß ich nichts mehr sehen kann.
Darum mache ich die Augen zu.

Der kleine Bär
kletterte auf einen Hügel,
und oben auf dem Hügel
kletterte er auf einen Baum,
und oben auf dem Baum
machte er die Augen zu
und sprang los.

Plumps! fiel der auf den Boden
und rollte den ganzen Hügel hinunter.
Dann setzte er sich auf
und schaute umher.

So so, sagte er.
Jetzt bin ich also auf dem Mond.
Der Mond sieht ja genau so aus
wie die Erde.

Schön, schön, sagte der kleine Bär.
Die Bäume hier
sehen aus wie Erdenbäume.
Und die Vögel
sehen aus wie Erdenvögel.

Und sieh einmal das, sagte er,
da ist ja ein Haus,
das sieht genau so aus

wie mein Haus.
Ich will einmal nachsehen,
wer hier wohnt.

Und sieh einmal da,
sagte der kleine Bär,
da ist etwas zu essen auf dem Tisch.
Gerade ein gutes Mittagessen
für einen kleinen Bären.

Da kam Mutter Bär herein
und sagte:
Aber wer ist denn das?
Bist du vielleicht ein Bär
von der Erde?

Ja, das bin ich,
sagte der kleine Bär.
Ich bin auf einen kleinen Hügel geklettert
und bin von einem Baum gesprungen
und hierhergeflogen
genau wie ein Vogel.

So so, sagte Mutter Bär.
Mein kleiner Bär
hat genau das gleiche getan.
Er hat den Fliegerhelm aufgesetzt
und ist zur Erde geflogen.
Komm,
iß du sein Mittagessen.

Da schlang der kleine Bär
seine Arme um Mutter Bär.
Er sagte: Mutter Bär,
du machst ja nur Spaß.
Du bist meine Mutter Bär,
und ich bin dein kleiner Bär,
und wir sind auf der Erde,
das weißt du doch genau.
Kann ich jetzt mein Mittagessen haben?

Sieben kleine Bären
von Josef Guggenmos

Sieben kleine Bären
Gingen trippel-trappel
Durch den Wald
Und hielten sich brav
Bei den Vordertatzen.

Da standen sieben kleine Katzen
Bei einer Pappel
Am Bach.
Und sagten: Ach,
Wären wir drüben,
Miau!

Die Katzen machten die Augen zu
Vor Ängsten.
Und der kleinsten
War es am bängsten.

Da nahmen die sieben kleinen Bären
Die sieben kleinen Katzen

Auf ihren Rücken
Und sagten: Wir sind stark,
Es wird uns glücken.

Als sie am anderen Ufer waren,
Sagten die sieben Kätzlein
Artig das Sätzlein:
Wir danken schön!

Es ist gern geschehen,
Erklärten die Bären
Und meinten auch:
Ja, wenn wir nicht wären!

Im Puwinkel
wird ein Haus für I-Aah gebaut
von A. A. Milne

Eines Tages hatte Pu der Bär nichts vor und bekam Lust, etwas Aufregendes zu unternehmen. Deshalb begab er sich zu Ferkel, um nachzusehen, was Ferkel tat. Es schneite schon seit einer Weile, und als Pu den breiten Waldweg entlangstampfte, dachte er sich: Ferkel sitzt wahrscheinlich vor dem Kaminfeuer und wärmt sich die Füße. Doch zu seiner Überraschung stand Ferkels Tür offen, und je länger Pu in das Haus hineinschaute, desto weniger war von Ferkel zu sehen.

«Ferkel ist nicht daheim», stellte Pu traurig fest. «Ach, da muß ich wohl allein spazierengehen und dabei scharf nachdenken.»

Aber er beschloß, zur Sicherheit vorher noch ganz laut an die Tür zu klopfen, und während er darauf wartete, daß Ferkel keine Antwort gab, sprang er auf und ab, um warm zu werden. Dabei kam ihm plötzlich ein Lied in den Sinn, das sich seiner Meinung nach gut zum Vorsummen eignete:

Es schneit im Wald
– tamte-ram –
und ist so kalt
– tamte-ram –,
man kann den Atem sehen.

80

Und mit der Zeit
– tamte-ram –,
wenn es so schneit
– tamte-ram –
da frieren mir die Zehen.

«Was ich also tun werde, ist folgendes», beschloß Pu.
«Erst gehe ich jetzt einmal heim und sehe nach, wie spät
es ist, und dann binde ich mir vielleicht ein Halstuch um
und besuche I-Aah, um ihm mein Lied vorzusingen.»
Ganz mit dem Gesumm beschäftigt, das er für I-Aah
vorbereitete, lief er zu seinem eigenen Haus zurück. Da
erblickte er plötzlich Ferkel, das in seinem besten Lehn-
stuhl saß. Pu blieb stehen, kratzte sich hinter dem Ohr
und überlegte, in wessen Haus er sich eigentlich befand.
«Guten Morgen, Ferkel!» rief er. «Ich dachte, du bist
nicht zu Hause.»
«Wirklich?» erwiderte Ferkel bekümmert.
«Du wirst es selbst merken, Ferkel, wenn du es hörst. Es

fängt nämlich so an: ‹Es schneit im Wald, tamte-ram . . .›»

«Tamte was?» fragte Ferkel.

«Ram», antwortete Pu. «Das habe ich dazugedichtet, damit es sich besser singt . . . Und ist so kalt, tamte-ram! Man kann . . .»

«Hast du nicht gesagt: Es schneit im Wald?»

«Ja, aber das war vorher.»

«Vor dem Tamte-Tam?»

«Das war ein anderes Tamte-Tam», erklärte Pu etwas verwirrt. «Ich singe es dir jetzt richtig vor, dann wirst du es schon begreifen.» Er fing also noch einmal von vorn an:

«Es schneit im Wald
– tamte-ram –
und ist so kalt
– tamte-ram –,
man kann den Atem sehen.

82

Und mit der Zeit
– tamte-ram –,
wenn es so schneit
– tamte-ram –
da frieren mir die Zehen.»

Pu sang das Lied, so schön er konnte, und als er fertig war, wartete er darauf, daß Ferkel sagen würde, es sei das beste von allen im Schnee zu singenden Unter-freiem-Himmel-Liedern, das es je gehört habe. Doch nachdem Ferkel lange nachgedacht hatte, bemerkte es feierlich: «Pu, eigentlich sind es nicht einmal so sehr die Zehen wie die Ohren.»

Inzwischen waren sie bereits ganz in der Nähe des düsteren Haines, in dem I-Aah wohnte, und da Ferkel schon genug von dem vielen Schnee hinter seinen Ohren hatte, gingen sie auf einen kleinen eingezäunten Kiefernwald zu und setzten sich auf das hölzerne Gatter. Aus dem Schnee waren sie zwar heraus, aber nicht aus der Kälte, und damit ihnen warm würde, sangen sie Pus Lied sechsmal durch – Ferkel das Tamte-ram und Pu alles übrige – und schlugen dazu beide im Takt mit Zweigen auf den Zaun. Nach einer kleinen Weile war ihnen schon so viel wärmer, daß sie weiterreden konnten.

«Ich denke über etwas nach», sagte Pu, «und zwar mache ich mir Sorgen um I-Aah.»

«Nein», erwiderte Ferkel, «du warst fort, Pu.»

«Stimmt», sagte Pu, «ich wußte doch, einer von uns war's.» Dann schaute er auf seine Wanduhr, die vor ein paar Wochen auf fünf Minuten vor elf stehengeblieben war. «Fast elf Uhr», stellte er befriedigt fest, «du bist gerade zur rechten Zeit für einen kleinen Imbiß gekommen.» Mit diesen Worten steckte er seinen Kopf in den Schrank. «Und nachher, Ferkel, gehen wir aus und singen I-Aah mein neues Lied vor.»

«Was für ein Lied, Pu?»

«Das Lied, das wir I-Aah vorsingen wollen», erklärte Pu.

Die Uhr zeigte noch immer fünf Minuten vor elf, als Pu und Ferkel eine halbe Stunde später aufbrachen. Der Wind hatte sich gelegt, und der Schnee war es müde geworden, sich immerzu selbst im Kreis nachzujagen. Er senkte sich jetzt sanft herab, bis er eine Stelle fand, auf die er sich niederlassen konnte. Manchmal war diese Stelle Pus Nase und manchmal auch nicht.

Nach einer kleinen Weile hatte Ferkel ein Halstuch aus Schnee um und fühlte sich hinter den Ohren eisiger als je zuvor in seinem ganzen Leben.

«Pu», bemerkte es schließlich ein bißchen zaghaft, weil Pu nicht glauben sollte, daß Ferkel schlappmachen wollte, «ich überlege mir gerade, wie es wäre, wenn wir nach Hause gingen und dort ein Lied übten, um es I-Aah morgen – oder auch übermorgen – vorzusingen, wenn wir ihn zufällig treffen.»

«Das ist eine sehr gute Idee, Ferkel», sagte Pu. «Wir werden es jetzt unterwegs üben. Es hat keinen Sinn, dazu nach Hause zu gehen, denn es ist ein besonderes Unterfreiem-Himmel-Lied, im Schnee zu singen.»

«Warum denn?»

«Der arme I-Aah hat kein Dach über seinem Kopf.»

«Ja, das ist wahr», stimmte Ferkel zu.

84

«Du hast dein Haus, Ferkel, und ich habe meines, und
beide sind sehr schön. Auch Christoph Robin und Eule
und Känga und Kaninchen haben ein Haus, ja sogar alle
Freunde und Verwandten von Kaninchen besitzen ein
Haus oder etwas Ähnliches, aber der arme I-Aah hat
nichts. Ich habe mir also ausgedacht, daß wir ihm ein
Haus bauen wollen.»

«Das ist ein großartiger Einfall!» rief Ferkel. «Wo soll es
denn stehen?»

«Hier», antwortete Pu, «am Waldrand, vor dem Wind
geschützt, weil es mir hier eingefallen ist. Wir werden die
Stelle ‹Puwinkel› nennen, und in diesem Puwinkel wollen
wir ein I-Aah-Haus aus Zweigen für I-Aah bauen.»

«Auf der anderen Seite vom Wald habe ich eine Menge
Zweige gesehen», bemerkte Ferkel, «lauter aufgeschichte-
te Haufen.»

«Vielen Dank, Ferkel», erwiderte Pu. «Du hast gerade

etwas sehr Nützliches gesagt, und deshalb könnte ich
diese Stelle auch Pu-und-Ferkel-Winkel nennen, wenn
Puwinkel nicht viel besser klänge. Das tut es aber, weil es
kürzer ist und sich mehr nach einem Winkel anhört.
Komm jetzt!»

Sie kletterten vom Gatter herunter und brachen nach der
anderen Seite des Waldes auf, um die Zweige zu holen.

Christoph Robin hatte an diesem Morgen zu Hause eine
Reise nach Afrika und zurück unternommen. Er hatte
gerade das Schiff verlassen und überlegte sich, was wohl
draußen für Wetter wäre, als I-Aah an seine Tür klopfte.
Christoph Robin öffnete die Tür und trat hinaus. «Guten
Morgen, I-Aah! Wie geht's?»

«Es schneit noch immer», bemerkte I-Aah verbittert.

«Stimmt!»

«Und friert.»

«Wirklich?»

«Ja», sagte I-Aah. «Immerhin haben wir in letzter Zeit kein Erdbeben gehabt», fügte er etwas heiterer hinzu.

«Was ist denn mit dir los, I-Aah?»

«Ach, nichts, Christoph Robin – nichts Wichtiges. Du hast wohl nicht zufällig irgendwo ein Haus oder so etwas Ähnliches gesehen?»

«Was für ein Haus?»

«Na, eben ein Haus.»

«Wer wohnt denn drin?»

«Ich. Oder wenigstens habe ich das immer geglaubt, aber anscheinend war es ein Irrtum. Es kann wohl nicht jeder ein Haus haben.»

«Ach, I-Aah, davon hatte ich ja keine Ahnung – ich dachte immer . . .»

«Ich weiß nicht, wie es kommt, Christoph Robin, doch mit diesem ganzen Schnee und so weiter, von Eiszapfen und dergleichen gar nicht zu reden, ist es auf meinem Feld um drei Uhr morgens nicht so heiß, wie manche Leute glauben. Verstehst du, es ist nicht gerade schwül, nicht drückend und auch nicht stickig. In Wirklichkeit, Christoph Robin, unter uns, und wenn du es keinem weitersagst, ist es kalt.»

«Ach, I-Aah!»

«Da dachte ich mir, den anderen wird es leid tun, wenn ich so friere. Sie haben zwar keinen Verstand, sondern nur eine graue Masse, mit der man ihnen aus Versehen den Kopf gefüllt hat, und darum denken sie nicht nach. Aber wenn es noch etwa sechs Wochen weiterschneit, wird sich vielleicht doch einer mal sagen: Dem I-Aah kann es eigentlich um drei Uhr morgens nicht so furchtbar heiß sein. Und dann wird es sich herumsprechen und ihnen leid tun.»

«Ach, I-Aah!» wiederholte Christoph Robin schon ganz mitleidig.

«Dich meine ich nicht damit, Christoph Robin, du bist anders. Jedenfalls habe ich mir aus diesen Gründen ein Haus an meinem kleinen Wald gebaut.»

«Tatsächlich? Wie aufregend!»

«Das wirklich aufregende daran ist», entgegnete I-Aah mit seiner trübsinnigsten Stimme, «als ich mein Haus heute morgen verließ, war es noch da, und als ich zurückkam, war es weg. Es macht ja nichts und ist auch ganz natürlich – es war ja bloß mein Haus. Ich habe mich nur gewundert.»

Christoph Robin nahm sich nicht einmal die Zeit, sich zu wundern. Er kehrte um und zog sich, so schnell er konnte, Regenhut, Regenstiefel und Regenmantel an.

«Wir werden uns sofort nach deinem Haus umsehen!» rief er I-Aah zu.

«Manchmal», bemerkte I-Aah, «wenn einer damit fertig ist, jemand anderem das Haus wegzunehmen, gibt es noch ein paar Überbleibsel, die er nicht braucht, und er ist dann ganz froh, wenn der andere sie sich wieder abholt. Du verstehst wohl, was ich meine. Deshalb habe ich mir gedacht, wenn wir jetzt einmal hingingen . . .»

«Los!» unterbrach ihn Christoph Robin und zog ihn so

88

rasch mit sich fort, daß sie schon nach kurzer Zeit die Ecke des Feldes neben dem Kiefernwald erreichten, wo I-Aahs Haus nicht mehr stand.

«Da!» seufzte I-Aah. «Nicht einen Zweig haben sie mir übriggelassen! Natürlich bleibt mir noch der ganze Schnee, mit dem ich machen kann, was ich will. Man darf sich nicht beklagen.»

Aber Christoph Robin verstand gar nicht, was I-Aah sagte, weil er auf etwas anderes lauschte.

«Hörst du etwas?» fragte er.

«Was denn? Lacht vielleicht jemand?»

«Paß auf!»

Jetzt lauschten beide ... und hörten eine tiefe Brumm-stimme singen, daß es im Wald schneie und kalt sei, und eine dünne Stimme quiekte «Tamte-ram» dazwischen.

«Das ist doch Pu!» rief Christoph Robin aufgeregt.

«Schon möglich», meinte I-Aah.

«Und Ferkel!» fügte Christoph Robin hinzu.

«Wahrscheinlich», sagte I-Aah. «Aber was wir brauch-ten, wäre ein abgerichteter Polizeihund!»

Plötzlich änderte sich der Text des Liedes.

«Fertig ist unser Haus!» sang die Brummstimme.

«Tamte-ram!» quiekte die andere Stimme dazwischen.

«Ein schönes Haus!»

«Tamte-ram ...»

«Wär's doch nur meins!»

«Tamte-ram!»

«Pu!» rief Christoph Robin.

Die Sänger am Gatter hielten plötzlich inne.

«Das war Christoph Robin», erklärte Pu freudestrahlend.

«Er ist dort drüben, wo wir die Zweige geholt haben», sagte Ferkel.

«Komm!» rief Pu.

Sie kletterten vom Gatter herunter, liefen schnell um die Bäume herum, und Pu brummte die ganze Zeit Willkommensgrüße vor sich hin.

«Ach, da ist ja I-Aah», sagte Pu, als er damit fertig war, Christoph Robin um den Hals zu fallen, und gab Ferkel einen Stoß. Ferkel stieß Pu auch an, und sie dachten beide, was für eine schöne Überraschung sie gerade vorbereitet hätten. «Hallo, I-Aah!»

«Gleichfalls, Pu», sagte I-Aah grämlich.

Christoph Robin begann sofort, die traurige Geschichte von I-Aahs verschwundenem Haus zu erzählen, und Pu und Ferkel hörten zu, und ihre Augen wurden groß und größer.

«Wo stand es, hast du gesagt?» fragte Pu.

«Genau an dieser Stelle», antwortete I-Aah.

«Und es war aus Zweigen?»

«Ja.»

«Ach», seufzte Ferkel.

«Was?» fragte I-Aah.

«Ich habe nur Ach gesagt», erwiderte Ferkel verlegen. Und damit man ihm nichts anmerken sollte, summte es ein paarmal nachdenklich «Tamte-ram» vor sich hin.

«Bist du sicher, daß es ein Haus war?» fragte Pu. «Ich meine, weißt du bestimmt, daß das Haus gerade hier stand?»

«Natürlich!» antwortete I-Aah und murmelte: «Mancher hat überhaupt keinen Verstand.»

90

«Ja, was ist denn los, Pu?» fragte Christoph Robin.

«Hm . . .» brummte Pu. «Die Sache ist die . . . Hm, die Sache ist nämlich die . . . Paß mal auf . . . Es war so», stotterte Pu, und es kam ihm vor, als erkläre er nicht besonders gut, und darum stieß er Ferkel wieder an.

«Es war nämlich so . . .», bemerkte Ferkel rasch. «Nur wärmer», fügte es nach angestrengtem Nachdenken hinzu.

«Was ist wärmer?»

«Die andere Seite vom Wald, wo I-Aahs Haus steht.»

«Mein Haus?» fragte I-Aah. «Mein Haus war hier.»

«Nein», entgegnete Ferkel bestimmt. «Auf der anderen Seite des Waldes . . .»

«Weil es dort wärmer ist», erklärte Pu.

«Aber ich weiß es doch am besten . . .»

«Komm und sieh dir's an», sagte Ferkel einfach und ging voraus.

«Es kann doch keine zwei Häuser geben», stellte Pu fest, «und schon gar nicht so dicht beieinander.»

Als sie um die Ecke bogen, stand I-Aahs Haus da und machte einen sehr behaglichen Eindruck.

«Da, siehst du!» quiekte Ferkel.

«Innen und außen», fügte Pu stolz hinzu.

I-Aah ging hinein – und kam wieder heraus.

«Eine merkwürdige Angelegenheit», schnaufte er. «Es ist wirklich mein Haus, doch hatte ich es dort gebaut, wo ich euch sagte; also muß es der Wind über den ganzen Wald hinweg an diese Stelle geweht haben. Hier steht es nun so gut wie zuvor; teilweise sogar besser.»

«Viel besser!» riefen Pu und Ferkel wie aus einem Mund.

«Da zeigt sich wieder einmal, was man erreichen kann, wenn man sich ein bißchen Mühe gibt. Verstehst du, Pu? Verstehst du, Ferkel? Erst überlegen und dann zupacken! Seht es euch nur an! So muß ein Haus gebaut sein», erklärte I-Aah stolz.

Sie ließen I-Aah in seinem Haus zurück, und Christoph Robin ging mit seinen Freunden Pu und Ferkel zum Mittagessen, und unterwegs erzählten sie ihm von dem schrecklichen Irrtum, den sie begangen hatten. Als Christoph Robin ausgelacht hatte, sangen sie auf dem Rest des Heimweges alle drei das im Schnee zu singende Unter-freiem-Himmel-Lied. Ferkel, das sich seiner Stimme noch immer nicht ganz sicher fühlte, übernahm wieder das «Tamte-ram».

«Es mag vielleicht so klingen, als ob das leicht ist», sagte Ferkel zu sich selbst, «aber es will doch gekonnt sein!»

Eine ganz traurige Bärengeschichte

Es war einmal ein pechschwarzer
Bärenjunge. Der war immer allein.
Manchmal seufzte er:
Ach, hätte ich doch einen Bärenfreund!
Meinetwegen könnte er
ruhig schneeweiß sein.

Da war auch mal
ein schneeweißer Bärenjunge.
Der war auch immer so allein.
Manchmal träumte er von einem
Bärenfreund, der war pechschwarz.

Leider lebte der schwarze Bärenjunge
im Süden in den Wäldern.
Der weiße Bärenjunge lebte im Norden
im Eismeer. Das war nur ein Grund,
warum sie keine Freunde wurden.
Der andere Grund war: Der schwarze Bärenjunge lebte vor
hundert und der weiße Bärenjunge lebte vor tausend Jahren.
Darum ist diese Geschichte ganz traurig!

Das Märchen von den Wundernüssen
von Tilde Michels

Es war einmal ein junger Wanderbär, der wanderte durchs Land. Eines Tages kam er zum Schloß des Bärenkönigs. Als er so durch den Schloßpark wanderte, sah er die Bärenprinzessin. Die ist aber schön, dachte er, und er beschloß, die Prinzessin zu heiraten.

Die anderen Bären lachten ihn aus: «Du kannst doch keine Prinzessin heiraten. Du bist nur ein einfacher Bär.»

«Ich bin genausoviel wert wie die Prinzessin», sagte der Wanderbär. Er wanderte auch gleich auf das Schloß zu und hinein in den Thronsaal.

Weil der Bärenkönig gerade nichts zu tun hatte und sich langweilte, empfing er ihn ziemlich freundlich.

«Soso», sagte der Bärenkönig, «du willst die Prinzessin zur Frau?»

«Ja, die will ich», antwortete der junge Bär.

«Was kannst du denn alles?» erkundigte sich der Bärenkönig.

«Ich kann», sagte der Wanderbär, «ich kann auf Bäume klettern.»

«Das kann jeder Bär», sagte der Bärenkönig.

«Ich kann Fische fangen», sagte der Wanderbär.

«Hör mir auf mit Fischen!» rief der Bärenkönig. «Fische mag ich nicht.»

«Ich kann», fuhr der Wanderbär fort, «ich kann dir Honig sammeln, soviel du willst.»

Der König schüttelte den Kopf. «Das ist alles nichts Besonderes», brummte er. «Wenn du die Prinzessin heiraten willst, mußt du mir ein Säckchen mit Wundernüssen bringen. In drei Tagen sollst du zurück sein. Und weh dir, wenn du keine Wundernüsse gefunden hast!»

Der Wanderbär hatte noch nie etwas von Wundernüssen gehört, und er wußte auch nicht, wo er sie suchen sollte. Trotzdem machte er sich auf den Weg.

Er ging einen Tag, er ging zwei Tage, und er suchte unter allen Nußbäumen. Aber Wundernüsse fand er nicht.

Der dritte Tag brach an, und nun glaubt ihr vielleicht, daß der Wanderbär sehr aufgeregt war. Keine Spur. Er dachte scharf nach. Dann füllte er gewöhnliche Nüsse in sein Säckchen und lief ins Schloß zurück.

Der König versammelte sofort den ganzen Hofstaat. Der Oberhofmeister nahm einen goldenen Nußknacker und knackte die erste Schale – heraus kam aber nur ein ganz gewöhnlicher Nußkern. Der König ließ die zweite, die dritte, die vierte und fünfte Nuß knacken. Eine Wundernuß war nicht dabei.

«Schwindler!» schrie der König. «Das sind ganz gewöhnliche Nüsse. Die gibt es zu Tausenden in meinem Königreich.»

«Gewiß», antwortete der Wanderbär, «ganz gewöhnliche Nüsse. Aber bedenkt doch: Sie wachsen auf Bäumen, sie bekommen eine harte Schale, und sie schmecken süß. Ist das nicht wunderbar genug?»

Da nickten alle. Und die Prinzessin rief: «Er hat recht. Er

ist der klügste Bär, der mir begegnet ist. Den will ich zum Mann.»

Und weil die Bärenprinzessin immer bekam, was sie wollte, bekam sie auch den Wanderbären zum Mann.»

Durch die weite Welt

Wenn die Bären Beeren pflücken,
müssen sich die Bären bücken.
Pflücken sie jedoch Lakritzen,
stehn sie auf den Zehenspitzen.
(*Georg Bydlinski*)

Überall gibt's Bären
von Nortrud Boge-Erli

Der Eisbär wohnt nur dort, wo's kalt ist,
der Grizzly dort, wo Fels und Wald ist,
Der Panda mit der weißen Krause,
der ist im Bambuswald zuhause.
Der Sonnenbär auf Borneo,
der ist nur in der Sonne froh.
Ameisenbär Tamandua
genießt es in Amerika,
Wo's Wasser gibt, gibt's Waschbärn,
wo Bonbons sind, gibt's Naschbärn,
doch Zottel-kuschel-schmusebärn
mit weichem Fell und Bauch,
die mögen Kinderzimmer gern
und Kinderhände auch!

Die nackten Bären
von Emil Zopfi

Ich bin ein alter Bär. Jack heiße ich. Jedenfalls haben mich die andern immer so gerufen. Nein, nicht die Bären hier im Gebirge, sondern die andern in jenem Tal, in dem ich früher lebte. Ich erzähle nicht gern davon, denn oft werde ich deswegen ausgelacht. Besonders die jungen Bären necken mich immer wieder. «Erzähl doch wieder einmal das Märchen von den nackten Bären, Großvater», spotten sie. Dann verkrieche ich mich in meine Höhle. Ach, was sind das für Zeiten, wo man einem alten Bären nicht mehr glaubt, was er erlebt hat. Ja, wenn ich noch so jung und stark wäre wie damals, wäre das anders. Wenn ich noch ein so dichtes braunes Fell und so scharfe Krallen hätte. Niemand würde es wagen, mich auszulachen. Aber seit sie mich hier ins Gebirge gebracht haben, fühle ich mich müde und alt. Ich hocke in meiner Höhle und denke nur noch an früher, an mein breites, sonniges Tal. Auf seinem Grunde sprudelte ein klarer Bach, in dem es von glitzernden Fischen wimmelte. Fische, sage ich euch! Wenn ich daran denke, läuft mir das Wasser im Maul zusammen. Ich kannte damals eine untiefe Stelle im Bach, wo ich mit Leichtigkeit die saftigsten Forellen fangen konnte. Zum Nachtisch gab es in den lichten Wäldern Beeren, Pilze, Nüsse und Früchte im Überfluß. Und manchmal fand ich in einem hohlen Baumstamm

102

sogar die süßen Honigwaben wilder Bienen. Kurz: jenes Tal war ein Paradies.

Natürlich waren da noch die anderen. Irgendwann waren sie aufgetaucht. Zuerst beachtete ich sie kaum. Sie kamen in kleinen Herden, so wie manchmal Wildschweine durchs Tal zogen. Wenn ich sie von weitem sah, verkroch ich mich. Ich wollte meinen Frieden haben. Ihr könnt euch nicht vorstellen, wie ich erschrak, als ich vor meiner Höhle zum ersten Mal einem der andern Bären begegnete. Wäre es ein gewöhnlicher Braunbär gewesen, ich hätte nicht viel Federlesens gemacht. Aber so flüchtete ich mich auf den nächsten Baum, und dort blieb ich, bis der fremde Bär verschwunden war. Daß es ein Bär gewesen war, hatte ich sofort gesehen, denn er war auf seinen Hinterpfoten davongegangen. Und das kann ja wirklich nur ein Bär, oder?

Nun wußte ich, daß ich es mit einer ganz besonderen Sorte von Bären zu tun hatte. Sie haben nicht viel mit uns gewöhnlichen Braunbären gemeinsam. Nicht einmal ein Fell haben sie, und deshalb nannte ich sie ‹die nackten Bären›. Um ehrlich zu sein: Ein ganz kleines Stück Fell haben sie auf dem Kopf, und um den nackten Körper wickeln sie bunte Lappen, die sie nur ablegen, wenn sie im Bach schwimmen. Sie sind kleiner als wir Braunbären, doch bewegen sie sich flink und stoßen oft eigenartige, schrille Laute aus. Ihr Gebiß scheint nicht sehr gefährlich zu sein, und ihre Krallen sind stumpf. Das merkte ich alles erst mit der Zeit, und so verlor ich allmählich meine Angst vor ihnen.

Wenn ich mich einer Herde nackter Bären näherte, riefen

sie oft «Jack, Jack . . .» und zeigten auf mich. Schließlich begriff ich, daß sie mich so nannten in ihrer Sprache. Und deshalb bin ich heute noch stolz auf diesen Namen, den die dummen Bären hier im Gebirge nicht einmal richtig aussprechen können.

Aber sonst habe ich nicht viel von ihrer Lebensweise verstanden. Wohl kamen sie in immer größeren Herden ins Tal, doch keiner richtete sich in einer Höhle ein. Obwohl jenes Tal das reinste Paradies ist, schien es ihnen doch nicht so zu gefallen, daß sie sich für immer niederließen.

Mit der Zeit hatten sie einen breiten Pfad durch den Wald getrampelt, über den sie sich in komischen, brummenden Kisten fortbewegten. An einer schönen, sonnigen Stelle hielten sie an. Mehrere Bären entstiegen der Kiste, dann bauten sie sich rasch eine Hütte aus denselben Lappen, die sie auch um den Körper wickelten. Rund um diese Hütten war ein Kommen und Gehen wie auf einem Ameisenhaufen. Überhaupt haben sie viel Ähnlichkeit mit Ameisen. Sie sind nie in Ruhe. Ständig streunen sie umher. Sie folgen schmalen Pfaden, die sie durch den Wald getrampelt haben. Wenn sie sich begegnen, stoßen sie schrille Laute aus oder tasten sich mit den Vorderpfoten ab. Im Bach schwimmen sie oder reiten auf einer Art farbiger Baumstämme durchs strudelnde Wasser. Einige klettern sogar an den Felswänden herum, die das Tal umgeben. Man erkennt sie daran, daß sie mehr Fell haben als die gewöhnlichen, nämlich noch rund ums Maul herum. Ich habe ihnen oft zugeschaut, wie sie sich gegenseitig an langen Leinen durch die Felsen hochziehen.

Ehrlich gesagt: Warum die nackten Bären das alles machen, habe ich nie herausgefunden. Sie suchen nicht etwa nach Nahrung wie ein normales Tier, wenn es durch den Wald streift. Die Beeren und Früchte lassen sie meist achtlos an Sträuchern und Bäumen hängen, ja oft zertrampeln sie sogar die schönsten Pilze. Ich habe auch nie einen nackten Bären einen Fisch fangen sehen, obwohl sie sich scharenweise im Wasser tummelten. Und selbst so Leckerbissen wie Hasen, Hühner und junge Rehe verscheuchten sie mit ihren schrillen Stimmen und dem Gebrumm ihrer Kisten. Sie brachten nämlich all ihr Fressen mit. Wenn sie ihre Vorräte aufgezehrt hatten, brachen sie ihre Hütten wieder ab und verließen das Tal.

Eigentlich war ich ja froh, daß sie nicht alles auffraßen. Auch wenn sie viel zertrampelten und die kleinen Tiere verscheuchten, so hatte ich doch immer noch genug zum Leben. Jedenfalls mehr als hier in diesem kahlen Gebirge. Oft lag ich auf einem versteckten Vorsprung im Schatten und schaute dem Treiben im Tal zu.

Da kam mir eines Tages die Idee: Könnte es nicht sein, daß diese nackten Bären Kinder sind, junge Tiere, die von ihren Alten hierhergeschickt werden zum Spielen? Natürlich! Auch Braunbärenkinder sind ja nackt, wenn sie zur Welt kommen. Nur sind sie dann noch winzig klein, nicht größer als eine Ratte. Diese nackten Bären mußten die Kinder riesiger Tiere sein, die draußen in den Ebenen ihr Fressen suchten. Dort mußte es im Überfluß vorhanden sein. Wie anders war es sonst zu erklären, daß die Bärenkinder selbst in ein so schönes Tal ihr Fressen mitbrachten.

Der Gedanke an die riesigen Bären beunruhigte mich sehr. Doch dann sagte ich mir wieder: Bisher sind nur nackte Bärenkinder hier in mein Revier gekommen, und vor denen brauchst du dich nicht zu fürchten. Ich nahm also all meinen Mut zusammen und näherte mich dem Platz, wo ihre Hütten standen. Und da bemerkte ich wieder etwas Sonderbares. Die nackten Bären stießen aufgeregte Schreie aus: «Jack . . . Jack . . .» Sie schienen Angst vor mir zu haben, zogen sich zurück und ließen selbst ihr Fressen liegen. Welcher richtige Bär würde das tun? Ich beschnupperte einmal, was da herumlag. Mmmmh . . . sage ich euch. Das duftete! Ich wollte nur ein klein wenig versuchen, wovon sie sich ernähren.

106

Natürlich wußte ich, daß andere Bären unheimlich wild werden, wenn man in ihr Revier eindringt und sich an ihr Fressen macht. Aber ich konnte nicht widerstehen. Ich fraß ein paar duftende Brocken, die aussahen wie Holzstücke, jedoch weich und süß waren. So etwas Herrliches hatte ich in meinem ganzen Leben noch nie gekostet. Aus der nächsten Hütte drang ein ganz anderer Geruch. Ratsch . . . mit einem Tatzenschlag fegte ich die Lappen weg. Schon wühlte ich in einem ganzen Haufen von Vorräten, schleckte ein weißes Mehl, das süßer war als die Waben wilder Bienen, zerrte mit den Krallen kleine Behälter auf, in denen die nackten Bären Fische und Fleisch aufbewahrten. Ich fraß und schleckte alles durcheinander, denn ich hatte plötzlich einen unheimlichen Hunger bekommen, einen richtigen Bärenhunger. Eine Hütte nach der andern räumte ich aus, fraß immer erst die weichen Brocken, setzte mich dann hin, öffnete die kleinen Behälter und schleckte sie genüßlich aus.

Die nackten Bären waren alle geflohen. Eigentlich, so dachte ich, ist das ja mein Revier, und wenn sie mir ihr Fressen einfach so überlassen, werden sie wohl andernorts noch genügend davon haben.

Endlich war ich richtig satt. Ich trottete zum Bach, löschte meinen Durst und legte mich in den Schatten eines Baumes. Ich war so faul und schläfrig, daß ich nicht einmal mehr zu meiner Höhle hinaufklettern mochte.

Ach, ich dummer Bär! Wie ich erwachte, sah ich nämlich, wie sich eine kleine Herde der nackten Bären näherte. Es schien eine andere Sorte zu sein als jene von den Hütten. Ich merkte gleich, daß sie keine Angst vor mir hatten. In den Pfoten hielten sie lange Prügel, die sie auf mich richteten. Nun hieß es also zeigen, wem dieses Revier gehörte ... Ich richtete mich auf, fletschte die Zähne und brummte. Ihr hättet mich sehen sollen. Jeder dieser mageren Bergbären hier in der Gegend hätte sich umgedreht und wäre davongelaufen. Nicht so die nackten Bären mit den Prügeln. Sie kamen näher und dann ... Srrrrt ... sauste mir etwas ins Fell, das mich wie eine Hornisse stach. Srrrrt ... noch ein Stich. Der Boden begann unter meine Pfoten zu schwanken. Ich mußte auf allen Vieren Halt suchen. Die Bäume begannen um mich herum zu tanzen. Ich fiel hin und schlief gleich ein.

Als ich erwachte, konnte ich mich nicht mehr bewegen. Ich war gefesselt, und selbst ums Maul hatte ich ein ekliges Gestell. Ich konnte nicht einmal mehr brummen. Einige der nackten Bären machten sich an mir zu schaffen. Eine riesige Herde hatte sich versammelt und betrachtete mich neugierig.

Und dann geschah etwas Ungeheuerliches. Ein Dröhnen und Brummen näherte sich. Am Himmel erschien ein riesiger Vogel mit schillernden Flügeln. Noch nie hatte ich so ein Ungetüm gesehen. Langsam schwebte es herab, und genau über mir blieb es in der Luft stehen. Seine Flügel bewegten sich so schnell, daß ein Sturm über den Platz fegte und die Bären zurückwichen. Vom Bauch des Vogels hing eine Leine herab. Daran wurde ich angebunden. Dann schwang sich der Vogel mit gewaltigem Dröhnen in die Luft. Ich baumelte an seinem Bauch und konnte noch sehen, wie unten die nackten Bären durcheinanderliefen. Bald waren sie so klein, daß sie wirklich

nur noch wie Ameisen aussahen. Wir flogen immer hö-
her, und trotz meiner furchtbaren Angst schaute ich
hinab. Ein letztes Mal sah ich unten mein Tal mit dem
lichten Wald und dem glitzernden Bach. Dann verlor ich
das Bewußtsein wieder.

Als ich erneut erwachte, lag ich hier in der Nähe zwischen
ein paar Büschen. Ich war nicht mehr gefesselt. Nicht weit
entfernt stand der große Vogel, und in seinem Bauch
saßen zwei nackte Bären. Als ich meine zerschundenen
Glieder streckte und mich unsicher aufrichtete, da hob
der Vogel ab, stieg in die Luft und verschwand über jenen
Bergen. Seither habe ich nie mehr einen nackten Bären
gesehen, und auch der riesige Vogel ist nie mehr aufgetaucht.

Wie gesagt: Ich bin jetzt ein alter Bär, und ich habe viel
erlebt und darüber nachgedacht. Auch wenn mich die
andern hier auslachen, so bin ich doch sicher, daß die
nackten Bären auch in diese Gebirge kommen werden.
Und dann werden wieder die großen Vögel kommen und
die letzten Braunbären davontragen. Wohin? fragt ihr.
Das weiß ich auch nicht. Ich hoffe nur, daß ich es nicht
mehr erleben muß.

*Übrigens: Diese Geschichte ist keineswegs erfunden. Im
Yosemite Nationalpark in Kalifornien gibt es Bären, die
in der Nähe von Campingplätzen leben. Sie sind scharf
auf den Proviant der Touristen. Sonst sind sie harmlos.
Tiere, die zu aufdringlich werden, werden von den Park-
wächtern eingefangen, betäubt und mit Helikoptern in
abgelegene Gebiete geflogen.*

Dicke Freunde
von Cristina Lastrego und Francesco Testa

In der Höhle am Wandrand
leben die Bären mit vollen Bäuchen.
Sie warten auf den Winter und wollen winterschlafen.
Aber Pandy und Bruna finden Warten zu dumm.

110

Sie schleichen davon mit klopfenden Herzen.
In den Wald, der ist groß und zum Spielen schön.
Und wenn du genau schaust, wirst auch du etwas sehen,
das vernaschte Bären gern haben.

«Äpfel», schreit Pandy.
«Die letzten im Jahr.
Die hole ich mir. Ich klettere hinauf.»
«Und ich helfe dir dabei.»

Pandy tanzt im Kreis herum.
«Na Bruna, willst du auch einen?
Ich möchte sie am liebsten alle beide essen.»

«Warte nur ab», denkt sich Bruna
und springt durch die Luft.
«Ich kriege ganz bestimmt meinen Teil,
denn ich bin stark wie ein Bär.»

112

Auf einem Baumstamm vor der Höhle am Waldrand
sitzen zwei Bärenkinder.
Sie kauen an ihren Äpfeln,
und sie sind dicke Freunde.

(Text von Jutta Radel)

Der Fuchs und der Bär
Ein Märchen

Vor langer Zeit, als die Tiere noch sprechen konnten, waren der Bär und der Fuchs sehr gute Freunde; sie säten zusammen, ernteten, droschen und aßen. Aber der Fuchs war faul und wollte nicht arbeiten, und es gelang ihm, den Bären zu beschwatzen, daß er den Acker anbaute, den Pflug zog und das Getreide erntete. Für ihn blieb nun nur das Dreschen übrig, und an der Arbeit sollten sich alle beide beteiligen. Als sie eine Weile gedroschen hatten, hielt der Fuchs inne und horchte.

«Auf was horchst du?» fragte der Bär.

«Hörst du nicht, wie es auf dem Dach der Tenne knackt?» meinte der Fuchs.

«Nein!» entgegnete der Bär.

Sie begannen wieder zu dreschen, bis der Fuchs seine Frage wiederholte.

«Dann ist es vielleicht am besten, du steigst auf das Dach und hältst es fest!» meinte der Bär.

Der Fuchs ließ sich das nicht zweimal sagen, sondern sprang schleunigst auf das Dach, legte sich auf dem von der Sonne am meisten beschienenen Platze nieder und wärmte sich hier, bis der Bär das Getreide fertig gedroschen und geschwungen hatte. Dann stieg er wieder vom Dach herab und sagte, daß ihm alle Glieder weh täten, weil er sich so übermäßig angestrengt hätte, das Dach zu halten, während der Bär drosch.

Nun sollte das Getreide geteilt werden. Der Fuchs meinte, der Bär müßte den größeren Haufen bekommen, denn er hätte ja am meisten gearbeitet. Der Bär dankte erfreut, und sie begannen zu essen; der Fuchs aß von dem Kornhaufen, der Bär von dem Spreuhaufen. Bald jedoch begann der Bär zu ahnen, daß es mit dem Edelmut des Fuchses nicht so weit her sei. Er sagte daher zum Fuchs:
«Wie kommt es denn, daß es in deinem Mund ‹brisk, brask› tönt, wenn du kaust, in meinem aber nur ‹slisk, slask›?»
«Das kommt natürlich daher, daß ich soviel Sand und kleine Steinchen in meinem Haufen habe; das knirscht so, wenn ich esse», antwortete der Fuchs.
Der Bär gab sich jedoch mit dieser Antwort nicht zufrieden, sondern er kostete von dem Haufen des Fuchses, und

als er nun merkte, daß er geprellt worden war, wurde er böse und wollte den Fuchs zerreißen. Dieser aber entwischte und versteckte sich unter einer Tanne. Der Bär eilte ihm nach, entdeckte ihn, und schlug und biß nach allem, was er sah. Wenn er in Wurzeln oder Steine biß, schrie der Fuchs: «Au! Au! Du beißt mich in den Fuß!» Wenn er aber wirklich den Fuß des Fuchses erwischte, dann lachte dieser und sagte: «Ha! Ha! du beißt ja nur in die Wurzeln!»

Nachdem der Bär lange in Steine und Wurzeln gebissen hatte, war er ganz ermüdet und kehrte nach der Dreschtenne zurück, um auszuruhen. Nun kroch der Fuchs hervor und begann auf ein neues Schelmenstück zu sinnen; denn zum Bären wagte er noch nicht zu gehen. Da erblickte er in der Ferne einen Lappen, der mit seiner Renntierherde gefahren kam. Rasch legte er sich auf dem Weg nieder und stellte sich tot. Als der Lappe zu dieser Stelle kam, hob er den Fuchs vom Weg auf und legte ihn in den Schlitten, in dem sich mehrere Pfund Fische befanden. Der Fuchs war kaum in dem Schlitten, als er wieder lebendig wurde und ein Loch in die Bodenwand nagte; dann schob er einen Fisch nach dem anderen hinaus, und schließlich entkam er selbst. Er trug nun alle Fische zu einem Haufen zusammen und suchte wieder den Bären auf. Dieser war jetzt wieder ruhig geworden und fragte den Fuchs: «Woher hast du diese Menge Fische bekommen?»

«Ich habe sie geangelt», antwortete der Fuchs, «geh nur hinab auf die See, hacke ein Loch ins Eis und stecke den Schwanz durch das Loch; es kommen dann sogleich die

116

Fische und beißen an. Aber man muß darauf achten, daß man den Schwanz nicht zu früh herauszieht; erst wenn man keinen Schmerz mehr im Schwanz fühlt, ist es an der Zeit, ihn wieder herauszuziehen.»

Der Bär befolgte genau diesen Rat, als er aber den Schwanz wieder zurückziehen wollte, war er in dem Loch festgefroren, und der Bär riß ihn sich ab; deshalb geht er noch heute ohne Schwanz herum.

Der wasserscheue Bär
von Georg Bydlinski

Ein Bär, der noch nie baden war,
kommt eines Tags nach Sansibar.
Dort fällt er in ein Wasserfaß
(er rutschte nämlich aus).

Jetzt guckt er aus dem Faß heraus
und brummt: «O Schreck!»
und brummt: «O Graus!»
und brummt im tiefsten Bären-Baß:
«Ist das naß!!!»

Der Bär und seine Brüder
von Hans Baumann

Der Bär und seine Brüder lebten im großen Bärenwald. Dort ging es ihnen gut. Im Frühling, Sommer und im Herbst stopften sie so viel in sich hinein, daß sie am Ende kaum mehr Platz in ihrem Pelz hatten. Im Winter schliefen sie, eingeschneit bis über beide Ohren. Das war ihr Bärenleben, anders kannten sie es nicht. Sie kamen eben nie aus ihrem Wald heraus.

Einer der Bären war schon mächtig alt. Am Hals hatte er den hellen Streifen, den alte Bären und Bärenkinder haben. Der alte Bär lebte für sich allein in einer Höhle. Dort suchten ihn die Bärenbrüder auf, wenn sie in einer Sache nicht weiterwußten. Er hatte immer einen Rat für sie bereit.

Eines Tages geschah etwas, das noch nie vorgekommen war: Aus dem Bärenwald verschwand ein junger Bär. Die Bärenbrüder suchten ihn in allen Dickichten und Schluchten. Vor lauter Aufregung gingen sie diesmal nicht zum alten Bären. Sie setzten sich zusammen und schüttelten die Köpfe. Einer der Bärenbrüder sagte: «Wir haben ihn nun überall gesucht.» Ein zweiter sagte: «So einfach zu verschwinden, ohne ein Wort zu sagen – wie kann er uns das antun!» «Aus dem muß erst noch ein Bär werden, so jung ist er!» eiferte sich ein dritter. Sie waren böse auf den Ausreißer. Schon der Gedanke an ihn erregte ihren

Unwillen. «Es hat keinen Wert, weiter nach ihm zu suchen», meinte einer. «Er hat's auch nicht verdient!»

Drei Jahre vergingen, und keiner der Bärenbrüder dachte mehr an den jungen Bären. Da kam er in den Wald zurück. Die Bärenbrüder trauten ihren Augen nicht. «Er ist es, er kommt wieder!» riefen sie. «Das kann nur er sein!» Der junge Bär war nun so groß wie sie. Von weitem winkte er. Und als er bei ihnen ankam, küßte er jeden brüderlich und brachte vor Freude kein Wort heraus. Die Bärenbrüder überfielen ihn mit Fragen. Vor lauter Begrüßen merkten sie erst gar nicht, wie es um ihn stand. Er hatte nämlich sehr viel Platz in seinem Pelz. Er sah so aus, wie sie im Winter waren. Da brachten sie ihm zu essen und ließen ihn zugreifen, bis er satt war. Dann fragten sie ihn: «Sag, wie war's da draußen, wo noch keiner von uns war? Wir, deine Brüder, wollen alles wissen.» Sie setzten sich um ihn und spitzten ihre Ohren. «Ich wollte niemals von euch fort», begann der junge Bär seine Geschichte. «Ich trollte durch den Wald und hatte nichts im Sinn. Auf einmal war vor mir die Straße, die aus dem Wald hinausführt. Auf ihr kamen ein Mädchen und ein alter Mann daher. Die beiden setzten sich an den Straßenrand, als wären sie im Wald zu Hause. Der Alte holte etwas aus dem Ledersack, den er umhängen hatte. Das gab er dem Mädchen. Da trug der Wind mir einen Duft zu, der sich in Bärennasen einnistet, und zog mich zu den beiden hin. Aus der Nähe sah ich, woher der Duft kam: Das Mädchen hielt eine Honigwabe in der Hand. Auch der Alte hatte eine Wabe. Der Honigduft betäubte mich. Doch stärker noch als beide Honigwaben roch der Mann. Er

120

roch nach Bären. Wenn ich euch sage, Brüder, er roch so wie wir, und nun fürchtete ich mich nicht mehr und ging zu ihm. ‹Da, Mischa, nimm!› sagte der Mann, griff wie ein Zauberer in den Sack und gab mir eine Honigwabe. Er blinzelte mir zu. Nun hieß ich also Mischa. Ich hatte einen Namen. Die Honigwabe schmeckte mir so gut, daß ich nur an den Honig dachte. Zum Mädchen sagte der Mann: ‹Hab keine Angst vor Mischa!› Das Mädchen aber war nicht mehr zu sehen. Es versteckte sich unterm Mantel, den der alte Mann trug. Der Mann stand auf. ‹Komm mit uns, Mischa!› sagte er. Als ich nicht gleich wollte, gab er mir eine zweite Honigwabe. Er brauchte nur in den Ledersack hineinzugreifen. Ich nahm auch die zweite Honigwabe. Und als ich mit ihr fertig war, da lag der Wald schon hinter mir.» Die Bärenbrüder nickten. Ihre Augen glänzten, weil sie an Honig dachten. Mischa sah es und erzählte weiter: «Der Alte kannte sich mit Bären aus. Er wußte auch, wovor sich Bären fürchten. Als wir an einen Platz kamen, an dem es von Bienen summte, steckte er sich eine Pfeife in den Mund, zündete sie an, blies Wölkchen aus sich heraus, bis er in einer Wolke steckte, ging hin und kam zurück – mit Honig und ohne vor den Bienen davonzulaufen. Das kann kein Bär.» «Und das Mädchen? War das auch zu was gut?» «Ihr werdet staunen», sagte Mischa. «Es war noch ein sehr kleines Mädchen. Den ganzen ersten Tag hielt es sich rechts vom Alten, weil ich links ging. Als dann die Nacht kam, redete der Alte mit dem Mädchen: ‹War höchste Zeit, daß Mischa kam. Sieh dir nur seinen Pelz an! Der wird dich wärmen.› Und zu mir sagte er: ‹Du wirst das

Mädchen doch nicht frieren lassen, Mischa!› Ich kam mir wichtig vor und hielt das Mädchen warm, so gut ich konnte, die ganze Nacht. Und als der Morgen anbrach, fragte der Alte das Mädchen: ‹Na, wie hast du geschlafen?› ‹Wie in einer Wolke.› ‹Und warum auch?› ‹Wie an einem Ofen.› Von da an ging der Alte rechts, ich links, das Mädchen in der Mitte.»

«Und Honig – jeden Tag?» fragte ein Bär. «Nicht jeden Tag», gab Mischa zu, «doch immer ohne Bienenstiche, hört ihr! Solange ich mit dem Mädchen und dem Mann von Ort zu Ort zog, hatten wir genug zu essen. Die Leute in den Städten und den Dörfern freuten sich, wenn sie uns sahen. Dumm stellten sich nur die Tiere an, die es in den Dörfern gibt. Die Hühner gackerten, die Gänse schnatterten, die Hunde kläfften so, als wären wir Gesindel. Und alles meinetwegen! Die Tiere hatten Angst vor mir. Die Kinder aber waren unsere Freunde, und das war unser Glück; denn Freunde merken gleich, wenn einer Hunger hat. Sogar die großen Leute gaben uns etwas – weil nämlich das Mädchen etwas tat, das allen Freude machte.»

Die Bärenbrüder hoben ihre Köpfe. «Was tat das Mädchen denn?» «Das Mädchen tanzte», sagte Mischa. «Es drehte sich so leicht, wie sich ein Blatt im Wind dreht. Kastagnetten klapperten in seinen Händen, und eine Korallenkette hüpfte an seinem Hals. Der Alte trommelte auf einer kleinen Trommel, und zwischendurch blies er auf einer Weidenflöte. Wenn er die Flöte blies, hatte er runde Backen und war rot wie die Sonne. Die Leute klatschten Beifall. Der Alte drehte nun die Trommel um und ging zu allen Leuten. Sie warfen Geld hinein. Die Kinder aber brachten uns zu essen. So war alles gut.

Es gefiel mir, wenn das Mädchen tanzte. Eines Tages stieß mich der Alte an und sagte: ‹Wenn du erst tanzen könntest, Mischa – was glaubst du, wieviel mehr uns dann die Kinder brächten! Da habe ich es versucht. Leicht war es nicht, am Anfang wenigstens. Aufrecht bleiben und sich dabei noch drehen, das will gelernt sein! Der Alte aber hatte viel Geduld. Er und das Mädchen machten mir alle Schritte vor, und am Ende, glaubt mir, Brüder, war gar nicht so sicher, wer besser tanzen konnte, das Mädchen oder ich. Ich tanzte wie ein Bär, das Mädchen wie ein Mädchen – aber gerade das muß es gewesen sein, was allen Leuten ganz besonders gut gefiel. Und immer, wenn ich tanzte, hielt ich eine Rose. Wenn es mit dem Tanzen aus war, gab ich sie dem Mädchen, und das Mädchen lächelte mich an und machte einen Knicks. Dann wollten die Leute gar nicht mehr aufhören mit Klatschen. Und wirklich, der Alte hatte recht: Sie warfen viel mehr Münzen in die kleine Trommel. Und mir brachten die Kinder nun so viele Leckerbissen, daß ich mit dem Mädchen teilen konnte.»

«Zeig uns doch, was du kannst!» riefen die Bären aufgeregt. «Das paßt nicht, hier im Wald», erklärte Mischa. «Und ohne Mädchen geht es nicht.» Da riß ein Bär ein Bäumchen ab und steckte das Bäumchen vor Mischa in die Erde. «Da hast du dein Mädchen!» Nun holte sich Mischa einen Zweig mit roten Blättern und fing an zu tanzen. Ein Vogel war zu hören, Mischa dachte an die Weidenflöte. Die Bäume flüsterten! Ein Bär, der tanzt!

Und Mischa dachte an die Kinder, die in den Dörfern oft gerufen hatten: Ein Bär, der tanzt! Er drehte sich, die Vorderpfoten vor der Brust verschränkt. Nun war er größer als die Bärenbrüder. Sie sahen zu ihm auf, und es gefiel ihnen, sie brummten sogar mit. So etwas hatte es im Wald noch nicht gegeben. Es machte ihnen am Ende so viel Spaß, daß sie selber tanzen wollten. «Komm, zeig es uns!» baten sie Mischa. Mischa sträubte sich. Sie aber ließen ihm keine Ruhe. Da zeigte er ihnen, wie er selber angefangen hatte. Er machte ein paar leichte Schritte vor und drehte sich auf den Hinterbeinen. Die Brüder taten es ihm nach, das heißt, sie wollten. Aber keiner von ihnen brachte es fertig. Sie fielen um wie Säcke, in die zuviel hineingestopft ist. Erst fanden sie es lustig, wenn einer umfiel, und alle andern lachten über ihn. Allmählich merkte jeder, daß er selber umfiel, und daß die andern sich über ihn lustig machten. Da verloren sie allen Spaß daran und wurden wütend. «So was ist nichts für Bären!» sagte einer. «Ich hab es euch gesagt», verteidigte sich Mischa. «Du hast doch selbst getanzt!» warf ihm ein anderer vor. «Nur, weil ihr es gewollt habt», sagte Mischa. «Wie kann ein Bär sich überhaupt zum Tanzen hergeben!» rief einer laut. «Drei Jahre lang!» Sie rückten von Mischa ab und sahen ihn mit anderen Augen an.
Mischa erschrak. «Was habt ihr?» fragte er. «Ich tu es nicht mehr. Es ist vorbei damit.» «Aber – du hast es getan», sprach einer von den Bären. «Ein Bär, der auf sich hält, tut so etwas nicht!» Ich hatte Hunger», sagte Mischa. «Und ich konnte das Mädchen doch nicht frieren lassen.»

124

125

«Und du mußtest ihm die rote Rose geben!» rief einer so, daß alle anderen lachten. Da merkte Mischa erst, daß er noch immer die roten Blätter hielt. Er ließ sie fallen. Der Vogel sang nicht mehr. Die Bäume waren stumm. So ist der Wald noch nie gewesen, dachte Mischa. Und die da sitzen, sind das meine Brüder? Sie hockten da wie Steine. Keiner rührte sich. Keiner sagte etwas. Keiner sah ihn an. Da sagte Mischa: «Es war nicht einfach für mich da draußen. Oft brannten meine Füße, als müßte ich durch Feuer waten. Auf schwarzen Straßen fuhren Wagen, laut und schneller als der Wind. Es gibt noch schlimmere Straßen, die aus Eisen sind. Auf ihnen rollen dunkle Züge, und das hört sich wie Donner an. Wenn wir die Eisenstraßen überqueren mußten, fürchtete ich mich. Von einem Land ins andere gingen wir bei Nacht, wenn Regen fiel, der unsere Spuren wegwusch. Denn bei den Menschen ist das so: Obwohl sie alle Menschen sind, haben sie verschiedene Länder, und für jeden ist nur ein bestimmtes Land sein Land. Der Alte und das Mädchen aber gehörten nirgendwo hin. Sie hatten auch kein Haus. Sie hatten vieles nicht, was andere hatten, zum Beispiel keine Hühner. Im Winter waren wir besonders übel dran. Sich einschneien lassen, so wie wir, das konnten der Alte und das Mädchen nicht. Wenn der Hunger wütend wurde, ging der Alte im Dunkeln in die Dörfer und kam mit Hühnern wieder. Und wenn das Mädchen fragte: ‹Von woher?› sagte er: ‹Von nirgendwo – wie wir auch.› Er briet die Nirgendwohühner, und sie schmeckten besser, als ich euch sagen kann. Nur mußten wir dann eilig weg, denn immer waren Hühnerleute hinter uns her.

126

Na, Brüder, was denkt ihr, wie wir aussahen, wenn's auf den Frühling zuging! Wir mußten aufpassen, daß uns der Wind nicht mitnahm, so wenig war noch an uns dran. An solchen Tagen dachte ich an euch und an den Wald.»

«Und warum kamst du nicht zurück?» fragte ein Bär. «Ich kam doch wieder», sagte Mischa. «Warum nicht früher?» Da erklärte Mischa: «Ihr glaubt nicht, wie ein Mädchen frieren kann! Da gab es Winternächte, in denen uns der Atem stockte. Die Sterne funkelten wie festgefrorene Blitze. Wir krochen in Scheunen unter. Ich mußte das Mädchen wärmen, damit es nicht erfror. Im Winter konnte ich nicht weg.» «Und warum nicht im Sommer?» «Weil dann der Alte blies und trommelte. Da hieß es tanzen.» «Du hättest dir die Ohren zustopfen können.» «Es hätte nichts genützt», sagte Mischa. «Ich mußte tanzen, ob ich wollte oder nicht. Glaubt mir, ich wollte nicht mehr. Aber ich konnte nicht von ihm weg.» «Und warum nicht?» «Weil ich an ihm hing.» «An wem?» «An dem Alten. Mit einer Kette. So, nun wißt ihr es.»

Da starrten ihn die Bärenbrüder an, als hätten sie ihn nie zuvor gesehen. Einer verhörte ihn: «Wie konntest du es dazu kommen lassen?» «Ich will es euch erklären», sagte Mischa. «Der Alte hatte nicht nur Honigwaben in seinem Ledersack. Er hatte auch die Trommel drin, die Weidenflöte – es war ein Sack, in dem viel steckte. Auch eine Kette. Und eines Tages holte er sie heraus. Der Tag fing besser an als viele Tage. Das Mädchen tanzte. Viele Leute sahen zu. Es waren keine Hühnerleute, sondern Leute, die umherzogen wie wir. Sie hatten Wagen, und wir bekamen genug zu essen. Die Wagen waren bunt. Es brannten kleine Feuer; denn es waren Schmiede, die wir getroffen hatten. Sie machten alles mögliche – auch Ringe. Dem Mädchen schenkte einer einen Ring aus Silber, und das Mädchen hüpfte hoch vor Freude. Auch ich bekam einen Ring. Er war aus Eisen. Ich sah zu, wie er geschmiedet wurde, ich war neugierig. Auch das Mädchen war dabei. Männer packten mich. Mit einer fürchterlichen Zange griff mir einer in die Nase. Der Schmerz betäubte mich. Als ich wieder zur mir kam, hing ich an einer Kette. Ich riß an ihr und brüllte. Der Alte ließ mich nicht los. Er hielt mir Leckerbissen hin und redete mir zu: ‹Es muß sein, Mischa. Ein so großer Bär wie du darf nicht dorthin, wo Leute sind, wenn er nicht an der Kette ist.› Ich nahm drei Tage keinen Bissen. Da ließ der Alte mich mit dem Mädchen allein. Vom Mädchen nahm ich etwas, und so bin ich nicht verhungert. Als der Alte zurückkam, trug er einen breiten Gürtel. An ihm machte er die Kette fest. Von diesem Tag an hing ich an ihm und konnte nicht mehr fort. Wenn ich nicht tanzen wollte, zog er an der Kette.» «Aber nun bist du doch hier», rief einer. «Wo ist die Kette?» Mischas Augen funkelten. «Es dauert nicht mehr lange, bis ihr alles wißt», fuhr er fort. «Der Alte ließ mich tanzen, wenn es ihm gerade einfiel. Er konnte nicht genug bekommen. Einmal, als sie ihm zu trinken gegeben hatten, prahlte er mit mir: ‹Mein Mischa tanzt, solang ich will. Wenn ich will, tanzt der eine ganze Nacht durch.› Da glaubte ihm keiner. Da schloß der Alte mit einem Bauern eine Wette ab: ‹Wenn Mischa zu tanzen aufhört, bevor die Sonne aufgeht, gehört er dir – was bietest du dagegen?› ‹Zehn Hühner!› ‹Zu wenig. Ich will hundert Hühner

128

haben.› ‹Gut. Hundert Hühner!› schrie der Bauer. Es war im Sommer vor einem Wirtshaus. Der Alte ließ mich tanzen. Vier sahen zu. Der Alte hatte die Trommel und die Weidenflöte aus dem Sack geholt. Manchmal trommelte und manchmal blies er. Und immer wieder zog er an der Kette. ‹Nur ruhig!› rief er, als er merkte, daß ich rasend wurde. Das Mädchen war nicht da. Es schlief in der Scheune, die dem Wirt gehörte. Der Alte ließ mich tanzen, weil er hundert Hühner wollte. Er zog an der Kette, weil er nicht genug bekommen konnte. Jedesmal hatte ich einen roten Flecken vor den Augen. Der Flecken wurde größer. Und auf einmal war eine rote Sonne vor mir. Ich sah die Sonne aufgehen. Da machte ich einen Satz und riß mich los. Es tat sehr weh. Ich hörte, wie die Kette auf die Erde schlug. Der Alte brüllte. Doch ich sprang und sprang, und er hatte das Nachsehen. Vor meinen Augen tanzte die rote Sonne. Als ich weit genug gelaufen war, verschwand diese Sonne, und ich sah, daß es noch immer Nacht war. Ich lief weiter. Endlich ging die Sonne auf, die jeden Tag aufgeht, genau dort, wo ich hinwollte. Ich brauchte viele Tage, bis ich bei euch ankam. Denkt euch, Brüder, die Sonne war aus unserem Wald herausgekommen. Nun wißt ihr alles.»

Mischas Augen glänzten. Die Bärenbrüder aber blickten an ihm vorbei, als ob sie etwas suchten. Einer von ihnen sagte: «Du bist nicht mehr so, wie du warst.» «Natürlich», sagte Mischa. «Ich bin jetzt ein ausgewachsener Bär.» «Du bist nicht so wie wir», warf ihm ein anderer vor. «Du hast recht», gab Mischa zu. «Aber hab ich erst wieder genug in mich hineingestopft, wird mich keiner von euch unterscheiden können.» Der Bärenbruder schüttelte den Kopf. «Du kannst nie mehr so werden, wie wir sind.» «Warum nicht?» fragte Mischa. «Du hängst noch an ihm», behauptete der Bär. Da wurde Mischa zornig: «Der Alte soll nur kommen! Ich würde ihm schon zeigen, was ein Bär ist!» «Ich meine nicht den Alten», sagte der Bär. «Das Mädchen meine ich.» Da blickte Mischa das Bäumchen an, das vor ihm stand. Dann sagte er: «Es ist so, wie du sagst. Am Mädchen hänge ich. Wenn nur das Mädchen gewesen wäre und nicht auch der Alte – ich wäre nicht zu euch zurückgekommen.» «Da haben wir es!» schrien die Bärenbrüder. Mischa sagte: «Ihr versteht mich nicht. Wenn mir die Kette einfiel, war ich froh, daß ich davongelaufen war. Sobald ich an das Mädchen dachte, zog es mich zurück.» «Dann geh doch!» sagte der Bär, der beim Tanzen öfter als die anderen umgefallen war. «Du bist und bleibst ein Tanzbär.» «Und du hast einen Namen», stellte einer fest. «Wir nicht.» «Das Schlimmste aber: du warst an der Kette», sagte ein dritter Bär. «Ich bin es nicht mehr», sagte Mischa. «Du warst es», hielten ihm die Bärenbrüder vor.

Da blickte Mischa zu den Bäumen auf, als wollte er sie fragen. Und nun konnten es die Bärenbrüder sehen. «Man sieht es ja sogar!» schrie einer. «Man sieht dir an der Nase an, daß du an einer Kette warst.» Da brüllte Mischa: «Man sieht es, weil ich mich losgerissen habe. Vorher war es nicht halb so schlimm.» «Man wird es also immer sehen?» fragten sie ihn alle.

Aber Mischa gab ihnen keine Antwort mehr. Er ging. Und nur ein junger Bär blickte ihm nach. «Wir hätten ihn nicht gehen lassen sollen», sagte der junge Bär. «Warum nicht?» ereiferten sich ein paar andere. «Weil er ein Bär wie wir ist!» Da schrien alle durcheinander: «Der soll ein Bär wie wir sein?» «Ein Tanzbär ist er!» «Er hat uns alle lächerlich gemacht.» «Aber er hat sich losgerissen.» «Man sieht es, daß er an einer Kette war.» Die Bärenbrüder stritten lange. Dann überlegten sie. Und schließlich einigten sie sich. «Wir sollten zum alten Bären gehen», schlug einer vor. «Der ist so, wie ein Bär sein soll. Er wird uns sagen, ob es richtig war, daß wir ihn gehen ließen.» Da machten sie sich auf den Weg zum alten Bären.

Der alte Bär saß vor der Höhle in der Sonne. Von weitem sahen die Bärenbrüder den hellen Streifen an seinem Hals. Als sie bei ihm waren, erzählten sie ihm, was geschehen war. Der alte Bär hörte geduldig zu. Er unterbrach sie nicht ein einziges Mal. Am Ende sagte einer: «Du mußt uns doch verstehen. Du bist ein Bär, der immer Rat weiß, wenn man einen braucht. Sag uns, war's recht, daß wir ihn laufen ließen?» «Wäre es nicht besser, nach ihm zu suchen?» Da sagte der alte Bär: «Es ist ganz gleich, was ihr mit ihm anstellt. Er hängt an euch, ob ihr ihn nicht sucht oder sucht.» «Wird er nicht wieder aus dem Wald fortlaufen?» «Nein», sagt der alte Bär, «jetzt bleibt er hier.» «Aber was wird er tun?» «Er wird sich eine Höhle suchen», sagte der alte Bär und nickte den Bärenbrüdern zu. «Ja, er wird tun, was ich tat, als ich zurückkam. Er wird sich eine Höhle suchen und wird dort zu finden sein, wenn jemand zu ihm kommt. Und alle werden sagen, daß er ein Bär ist, wie ein Bär sein soll. Und daß er immer Rat weiß. Warum? Weil er nicht nur im Wald war. Weil er weit herumkam. Und weil er an der Kette war und sich losriß! Kein Wunder, daß so einer über mancherlei Bescheid weiß, das nicht im Wald gewachsen ist. Natürlich braucht das seine Zeit, bis es die anderen merken. Es hat auch bei mir seine Zeit gebraucht.» «Aber du warst doch nicht an der Kette!» meinte ein Bärenbruder. Da hob der alte Bär den Kopf und hielt ihn schief und blinzelte die Sonne an. Und alle konnten sehen, wo der Ring gewesen war. Nun fragte keiner mehr. Der Alte aber beugte sich ein wenig vor und sagte: «Eins möchte ich noch wissen – den Namen, den er hat. Nun hat er doch einen Namen.» «Mischa», sagte einer. «Du große Sonne», sagte der alte Bär, «auch noch Mischa heißt er – wie ich!» Da zogen die Bärenbrüder brummend ab.

László Varvasovszky

DAS
SCHNEEBÄRENGEDICHT:

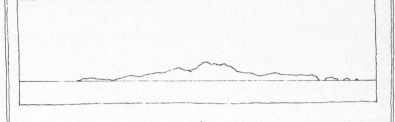

1.

Inmitten eines blauen Meers
schwimmt die Insel des Schneebärs.

Der Schneebär lebt in Schnee und Eis.
Der Schnee ist schön, das Eis ist weiss.

Von Kühüste zu Kühüste
reicht die weisse Wühüste.

2.

Der Schneebär hat ein weisses Fell.
Das glänzt bei hellem Licht sehr hell.

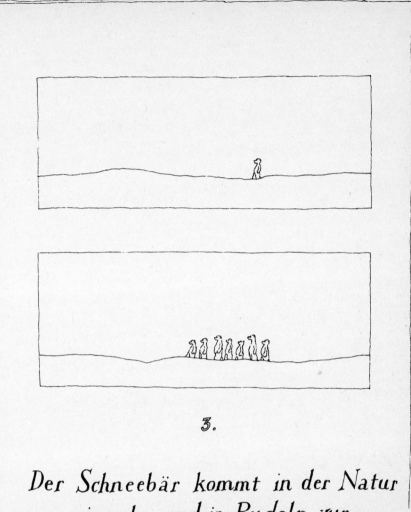

3.

Der Schneebär kommt in der Natur
einzeln und in Rudeln vur.

4.

Der Schneebär mag's, wenn man viel lacht,
weil es ihm selber Freude macht.

5.

Der Schneebär rauft gern fest und viel,
doch nie im Ernst und nur zum Spiel.

6

Der Schneebär liebt das Sonnenlicht.

Wenn's dunkel ist, sieht man ihn nicht.

(oder doch?)

7.

Mit Schneebär'n hat man immer Hetz.
Das ist's, warum ich sie so schätz.

Ende
des
Schneebärengedichts.

Der Bruder des Bären
Eine Indianersage

Sie nannten ihn den Bruder des Bären, und was geschehen war, das war zu einer Zeit geschehen, als es jenseits des großen Wassers noch keine Pferde gab. Ja, die Menschen, die auf diesem riesigen Kontinent lebten, ahnten noch gar nicht, daß man ihre Heimat einmal Amerika nennen würde.

Damals also lebte ein junger Mann, der eigentlich zu keinem Volk, zu keinem Stamm gehörte. Manche meinten, es sei Zauberei im Spiel. Ein Häuptling habe einen Zauberer, der in allen medizinischen Dingen bewandert war wie kein zweiter, beleidigt, und daraufhin sei er mit all den Seinen von der Welt verschwunden, als hätten sie nie gelebt. Zurückgeblieben sei nur ein kleines Kind. Ein stämmiges Kerlchen, schlau und geschickt, das es fertigbrachte, in den einsamen Wäldern zu überleben. Und jene, die alles genau zu wissen vorgaben, sagten, ganz bestimmt hätten Bären den kleinen Indianer großgezogen. Wie dem auch sei, der junge Mann wurde zeit seines Lebens niemals von einem Bären angefallen, und er selbst hat sich sein Leben lang nie an einer Bärenjagd beteiligt. An welchem Lagerfeuer auch immer man ihn willkommen hieß, welche Ehren man ihm auch erweisen mochte – sobald man von ihm erwartete, er möge einen Bären jagen, zog er weiter. Darum nannte man ihn den «Bruder des Bären».

140

Bald aber wurde er den Männern in den großen Wäldern unheimlich, und sie behandelten ihn als Feind. Sie stießen ihn überall aus, und als er schließlich erkrankte und zu fiebern begann, lag er, von allen Menschen gemieden, in grenzenloser Einsamkeit.

«Da ist Medizinisches im Spiel», sagten sie scheu zueinander und flüsterten: «Es hat mit Zauberei zu tun. Sollen ihm doch seine Brüder, die Bären, helfen.»

Die Bären aber konnten oder wollten dem, den man ihren Bruder nannte, nicht helfen. So starb er mutterseelenallein, und die Bäume begruben ihn unter ihren Blättern.

Aber er war nicht tot, jedenfalls nicht so wie andere Tote. Er kam wieder. Er war in den Wäldern zu sehen. Er sprach zwar mit keinem Menschen, er verletzte niemanden und verlangte auch nichts – aber er war da, er war zu sehen, und das erfüllte die Menschen mit Entsetzen.

Dann kamen die Weißen, und mit ihnen kamen die Pferde, und die roten Krieger lernten zu reiten. Und da zeigte es sich, daß die Pferde den Bruder des Bären nicht fürchteten. Sie begrüßten ihn mit freudigem Wiehern, als wäre er einer der Ihren.

Einmal ritt Jason, der Pfadfinder, durch den Wald. Er war nicht so wachsam wie sonst, aber er wußte ja, daß er sich auf sein gutes Pferd verlassen konnte. Es witterte jede Gefahr, und seine Unruhe würde ihn rechtzeitig warnen. Um so mehr erschrak Jason, als er sich unvermutet und ungewarnt einem jungen Indianer gegenübersah.

«He Minnie, alter Gaul», murmelte Jason, «was ist los mit dir?» Denn Minnie ließ sich auch durch die straffen Zügel nicht halten, trabte auf den jungen Indianer zu und rieb ihre weichen Nüstern an seiner Hand. Und der junge Indianer schien durch die Berührung aus einem langen Traum zu erwachen und streichelte den Kopf des Pferdes. Jason war nun auch davon überzeugt, daß ihm von diesem Indianer keine Gefahr drohte.

«Guten Tag, Mister», sagte er freundlich. «Sprecht Ihr unsere Sprache?»

«Nein», sagte der Indianer in einem Dialekt, den Jason noch nie gehört hatte und den er dennoch verstand. «Aber ich verstehe dich», fuhr der Indianer fort. «Reite hier nicht weiter! Du würdest überfallen und gefangengenommen werden. Halte dich weiter rechts, bis du zu einem kleinen See kommst.»

«Ich danke dir!» antwortete Jason. «Aber wie kommt es, daß du mich vor den Deinen warnst?»

«Sie sind nicht die Meinen», antwortete der junge Indianer. «Ich gehöre niemandem. Ich bin der Bruder des Bären.» Er sagte es voll Stolz, und im nächsten Augenblick löste er sich in Nichts auf, ohne daß Jason irgend etwas fragen konnte.

Als der Pfadfinder wieder zurück in die Siedlung der Weißen kam, erzählte er von der seltsamen Begegnung im Wald. Und da saßen ein paar alte Fallensteller, die hatten schon von dem Bruder des Bären gehört und berichteten Jason alles, was sie darüber wußten.

«Aber ich bezweifle», schloß der Älteste von ihnen, «daß unser Jason den wirklichen, echten Geist getroffen hat, denn soviel man weiß, pflegt dieser niemals zu reden. Es wird wohl irgendein Kundschafter gewesen sein, ein Dieb oder Mörder, was weiß ich! Der hat sich aus irgendeinem dunklen Grund für den Geist ausgegeben, um den braven Jason über sein wahres Gesicht zu täuschen.»

«Nein», erwiderte Jason. «Der Bruder des Bären war kein Betrüger. Sagt, was ihr wollt, ich würde beide Hände für ihn ins Feuer legen. Und selbst wenn ich mich in ihm getäuscht hätte, meiner Minnie hat noch keiner etwas vorgemacht. Die kann einen Gauner mit verbundenen Augen sieben Meilen gegen den Wind ausmachen. Und ob er nun ein Geist oder ein Lebender war, ein Roter, Weißer oder Gelber – wer mich mit solchen Augen ansieht, den hätte ich gerne zum Freund.»

Eine so lange Rede hatte noch niemand aus dem Mund des wortkargen Jason gehört.

Zu dieser Stunde ritt auch ein junger Indianer durch den Wald, und es ging ihm ganz ähnlich wie Jason. Auch er begegnete dem Bruder des Bären, und auch er wurde vor drohender Gefahr gewarnt. Und als er am Lagerfeuer von seinem Erlebnis berichtete, wollten ihm die Indianer ebensowenig glauben, wie die Weißen in der Wirtsstube Jason geglaubt hatten.

Der Bruder des Bären aber schien genau zu wissen, was Jason und der junge Indianer ersehnten: sie wollten ihn wiedersehen. Und sie sahen ihn wieder, sooft sie allein durch den Wald ritten. Er sprach mit ihnen, er gab ihnen gute Ratschläge, und eines Tages brachte er seine beiden Freunde zusammen.

Und als sie zu dritt auf dem Boden saßen, kam plötzlich ein gewaltiger Bär dahergetrottet und setzte sich ungeniert dazu. Und die Pferde begrüßten den Bären wie ihresgleichen.

Zuletzt sagte der Bruder des Bären.

«Es ist Zeit auseinanderzugehen, denn noch ehe die Sonne zum siebentenmal untergeht, wird in diesem Wald ein Feuer ausbrechen, und alles, was darin lebt, wird zugrunde gehen. Darum warnt eure Brüder!»

Der Bär, der Weiße und der Rote gingen davon und warnten die Ihrigen. Die Tiere glaubten dem Bären und flohen in die Steppe hinaus. Aber von den Indianern und den Weißen glaubten nur wenige der Botschaft. Die meisten blieben.

Nachdem die Sonne zum siebentenmal untergegangen war, brach das große Feuer aus, und sein heißer Atem jagte über die Baumwipfel. Jason und der junge Indianer waren schon weit fort, jeder von ihnen war in eine andere Richtung geritten, aber nun hielten sie zum erstenmal ihre Pferde an und wandten sich um. Sie sahen in der Ferne das Feuer, und es war ihnen, als könnten sie im roten Schein am Himmel das Gesicht des Bruders des Bären erkennen.

Mitmach- und Nachahm-geschichten

Rätsel:
Wer muß seinen Pelzmantel im Sommer tragen?

145

Ein kleiner Kanon
nach der Melodie «Froh zu sein bedarf es wenig»
von Georg Bydlinski

Bären,   die in Höhlen wohnen,

essen liebend gern Zitronen.

Buchstaben-Salat
von Sonja Matthes

In diesem großen Buchstaben-Salat haben sich elf Bären verirrt. Könnt ihr sie herausfinden? Ihr entdeckt sie, wenn ihr waagerecht ▷, senkrecht ▽ oder diagonal ◁ in den Buchstaben lest. Die elf Bären werden sich freuen!

D	G	X	U	K	C	Q	L	I	S	P	R	T	V	O	I	B	Y	L	A
U	T	U	L	M	D	O	K	I	B	K	T	X	B	A	H	X	F	A	H
B	E	B	M	W	I	B	F	O	B	U	R	P	E	F	Q	B	V	M	B
I	D	I	B	M	E	H	A	T	A	E	I	H	U	B	U	Z	K	E	C
S	D	V	B	A	I	B	X	U	D	L	B	A	N	O	S	B	W	I	F
O	Y	Z	R	O	S	B	X	R	R	T	A	N	Z	B	A	E	R	S	E
K	B	E	A	H	B	T	A	M	V	E	R	B	O	A	O	R	B	E	B
T	A	L	U	I	A	S	B	E	B	X	E	R	A	T	E	P	F	N	W
R	E	H	N	G	E	B	A	S	R	A	B	A	K	E	X	A	O	B	S
O	R	S	B	X	R	S	O	V	I	C	H	O	F	B	R	N	H	A	B
X	E	G	A	V	C	I	E	A	E	T	H	I	A	L	I	D	R	E	T
K	L	H	E	Z	S	R	S	R	O	T	K	E	N	O	T	A	F	R	O
R	K	N	R	L	B	T	A	L	S	B	T	A	N	T	E	B	E	T	A
W	Q	P	X	N	O	B	R	E	Y	H	S	B	S	M	H	A	X	E	S
I	H	T	O	P	R	E	F	O	L	B	F	R	H	I	R	E	T	R	A
L	C	U	A	E	B	R	U	M	M	B	A	E	R	U	E	R	U	H	E
A	V	L	R	M	F	S	A	E	O	F	S	E	T	O	R	Y	P	O	F
B	O	H	Z	O	T	T	E	L	B	A	E	R	R	U	F	X	L	X	K

Wir sind Erdbären

. . . und wir sind Berbären

149

Rätselgeschichte
von Sonja Matthes

Ein SAEBIER und ein RRABEBUMM gingen zusammen
spazieren. Sie wollten in den Wald zu den Honigbäumen.
Der Weg war weit. Unterwegs begegnete ihnen der BRE-
MENAASEI. «Wo wollt ihr hin?» fragte er neugierig.
«Zu den Honigbäumen!»
«O, da geh ich mit.»
Der Weg war immer noch weit. Sie zottelten durch das
Wiesengras und bekamen trockene Zungen. Weit und
breit gab es nichts zu trinken. Und es war langweilig.
«Laßt uns wenigstens ein Lied singen!» schlug Saebier
vor.

«Au ja! Kennt ihr das Lied von den BEUMMEGI-RACHN?»

Was man da zu hören bekam, war mehr ein Brummeln als ein Singen. Aber sie lachten dabei. Und der Wald kam immer näher.

Am Waldrand saß ein BORKELAAA im Baum. Der wollte auch mit. Nicht, daß er durstig war oder hungrig. Er fand die Bärengesellschaft einfach lustig.

Auf einem Stein unter einem Farn weinte verlassen und vergessen ein EYERBADDT. «Was hast du? Was fehlt dir? Wie kommst du hierher?» bestürmten ihn die Wanderer und standen um ihn herum. Sein Schluchzen klang so jämmerlich. Er erzählte seine traurige Geschichte und schloß: «Außerdem habe ich einen Bärenhunger.»

«Na, dann solltest du mit uns ziehen», tröstete ihn TAR-ZANBE und nahm den Kleinen auf den Arm.

«So einen Bären hab ich noch nie gesehen», sagte Borke-laaa. «Weißt du was? Du kannst bei uns bleiben, wenn du magst.»

Da weinte der kleine Eyerbaddt nicht mehr. Er schlang

151

seine Arme um Tarzanbes Hals und kuschelte sich in das weiche Zottelfell.

So gelangte die Bärengesellschaft schließlich bei den Honigbäumen an, und alle leckten und schleckten wie die Kinder am Eis und brummelten vor Vergnügen.

Viel Vergnügen beim Raten! Sieben Bären sind in der Geschichte versteckt. Ihre Namen bestehen aus den großen Buchstaben. Der Anfangsbuchstabe ist unterstrichen. Wenn ihr die einzelnen Buchstaben innerhalb des Wortes verschiebt wie in einem Puzzlespiel, könnt ihr bald mit den Bären zu den Honigbäumen gehen.

Lösung: Eisbär, Brummbär, Ameisenbär, Gummibärchen, Koalabär, Teddybär, Tanzbär

Hereinspaziert, hereinspaziert
von Mira Lobe

Einmal – da waren zwei Teddybären, ein brauner und ein weißer. Die wollten mit ihrem Freund Kasperl auf den Rummelplatz gehen. Aber sie hatten kein Geld, nicht einen Heller.

«Wartet!» rief das Sparschwein. «Vielleicht kann ich euch helfen.» Es warf sich auf den Rücken, wälzte sich hin und her, und drei kleine Geldstücke fielen heraus.

«Das reicht noch nicht einmal für Zuckerwatte», maulten die zwei Bären. «Macht nichts», sagte Kasperl. Er kroch unter das Sofa und holte eine lange, dicke Stricknadel hervor, die dort verlorengegangen war. «Die nehmen wir mit», sagte er. Und dann zogen sie los.

Auf dem Rummelplatz wollten die beiden Bären am liebsten alles: Karussell fahren und Achterbahn und Geisterbahn und ins Lachkabinett und ins Gruselkabinett und Scheibenschießen und Luftschaukel-fliegen und türkischen Honig schlecken, bis sie platzten . . .

Die zwei Bären zappelten vor Aufregung.

«Kasperl! Du bist doch so klug. Weißt du nicht, wo wir das Geld hernehmen sollen, damit wir Karussell fahren können und Achterbahn und Geisterbahn und . . .»

«Wir werden uns das Geld verdienen!» sagte Kasperl. «Wir werden ein Theaterstück spielen, und alle Zuschauer zahlen zehn Groschen.»

Kasperl ging mit den beiden Bären zu einer Trödelbude und kaufte eine große, schwarze Hornbrille, eine Schachtel bengalische Streichhölzer und eine Bimmelglocke.

Die zwei Bären brummten: «Jetzt gibst du unser bißchen Sparschwein-Geld für lauter Dummheiten aus!»

Kasperl zwinkerte lustig. Er hatte noch einen Groschen übrig, dafür kaufte er eine halbe Portion weiße Zuckerwatte.

«Mmm, Zuckerwatte!» machten die Bären und leckten sich die Mäuler. Aber die Zuckerwatte war nicht für sie, sondern für das Theaterstück.

Als nächstes bauten sie eine Bühne aus leeren Kisten, die sie hinter einem Obststand fanden.

«Brauchen wir keinen Vorhang?» fragten die Bären. «Im Theater ist doch immer ein Vorhang. Sogar im Kasperltheater.»

Aber Kasperl sagte: «Es muß nicht immer sein wie immer» – und dann erklärte er den beiden, wovon das Theaterstück handelte. «Wir spielen ein Märchen von zwei zusammenhängenden Bären. Und ihr beiden habt die Hauptrolle.»

«Einverstanden!» sagten die Bären. Und als sie alles kapiert hatten, was sie sagen mußten und was sie machen mußten, fing es an.

Kasperl stieg auf die Bühne und bimmelte mit der Glocke.

Kasperl:
> Herbeispaziert! Herbeispaziert!
> Hier wird ein Märchen aufgeführt.
> Ein nagelneues Märchen
> von einem Bärenpärchen!

Die Leute auf dem Rummelplatz blieben stehen. «Wie?
Was? Ein Märchen? Ein Pärchen?»
Kasperl bimmelte noch einmal, stieg von der Bühne, und
die zwei Bären traten auf. Aber waren das überhaupt *zwei*
Bären? War es nicht nur einer mit zwei Köpfen und drei
Beinen? Die beiden gingen Seite an Seite eng aneinander-
gedrückt. Sie hielten die inneren Arme und Beine so fest
zusammen, daß es aussah, als hätten sie nur einen Arm
und ein Bein. Von der Teddybär-Schulter bis zur Teddy-
bär-Pfote waren sie wie aus einem Stück. Steifbeinig und
im gleichen Schritt kamen sie nach vorn und verbeugten
sich.

Die zwei Bären:
Brumm, brumm, brumm.
Verehrtes Publikum!
Schaut, bitte, alle her
und wundert euch gar sehr:
Wir sind an den Haxen
zusammengewachsen
und seitlich am Bauch,
wie ihr seht, leider auch.
Brumm, brumm, brumm.
Wir finden das sehr dumm.
Denn wenn der eine sitzen will,
dann will der andre stehen,
und wenn der eine liegen will,
dann will der andre gehen,
Und nie kann man allein was tun,
stets kommt auf Schritt und Tritt
beim Laufen, Springen, Essen, Ruh'n

das zweite Bärchen mit.

Brumm, brumm, brumm.

Drum schauen wir uns um,

ob uns nicht jemand helfen kann,

ein Doktor oder Zaubersmann . . .

Steifbeinig und im gleichen Schritt gingen sie ab, und der Kasperl trat auf. Er trug einen weißen Zuckerwattebart und die schwarze Hornbrille. Seine Stimme klang tief, wie aus einem hohlen Faß.

Kasperl:

Ich bin der Doktor Simsalabim

und rings im ganzen Land

als hochberühmter Zauberer

gefürchtet und bekannt.

Ich schwinge meinen Zauberstab

und mache Hokuspokus . . .

Simsalabim unterbrach sich, schwang die lange Stricknadel, und weil man hinter den Kisten ein Brummen hörte, legte er die Hand hinters Ohr:

Mir scheint, da brummt wer.

mir scheint, da kummt wer.

Sind's zwei? Ist es einer?

Mir scheint: das weiß keiner!

Die beiden Bären staksten über die Bühne und blickten sich um. Als sie den Simsalabim entdeckten, wollten sie fortlaufen. Er hielt sie fest.

Wie geht es? Wie steht es?

Die zwei Bären:

Ach, lieber Herr Doktor Simsalabim,

du siehst es ja selbst: Mit uns steht es schlimm.

Wir sind an den Haxen
zusammengewachsen, ...
Simsalabim:
Ich seh es, ich seh es, ihr Bärchen,
ein unzertrennliches Pärchen!
Die zwei Bären:
Wir möchten viel lieber zertrennlich sein,
jeder allein und nicht immer zu zwein.
Simsalabim fuchtelte mit seinem Zauberstab und schritt
feierlich um die beiden Bären im Kreis herum.
Simsalabim:
Ei, das werden wir bald haben.
«Schwarze Tauben, weiße Raben,
weiße Raben, schwarze Tauben,
wer nicht will, muß es nicht glauben.»
Die zwei Bären:
Brumm, brumm, brumm.
Was schleichst du da herum?
Simsalabim:
Ich werd euch operieren
und mittendurch halbieren ...
Die zwei Bären:
Operieren? O je!
Tut das nicht weh?
Simsalabim:
Nur keine Angst, ihr Bärchen!
Ich krümme euch kein Härchen.
Er zündete die bengalischen Streichhölzer an. Rote und
grüne Flämmchen brannten und der Rauch stieg den
beiden Bären in die Nasen. Sie mußten niesen und husten,

während Simsalabim mit dem Zauberstab große Kreise in die Luft malte und «Abakadabra» murmelte.

Die zwei Bären:

Der Simsalabim
macht lauter Klimbim.
Will er uns wirklich heilen,
dann soll er sich beeilen.

Simsalabim:

Nun her zu mir! Steht still und brav
und fallt in einen tiefen Schlaf!

Die Bären gähnten. Simsalabim berührte sie mit dem Zauberstab:

Hokuspokus, eins, zwei, drei,
jetzt beginnt die Zauberei.

Die Bären lehnten die Köpfe aneinander und schnarchten. Simsalabim fuhr mit dem Zauberstab zwischen sie:

Hokuspokus, zwei, drei vier,
gleich stehn zwei statt einem hier.

Er trennte die beiden Bären und trat in die Mitte:

Hokuspokus, sechs, sieben, acht,
beide Schläfer aufgewacht!

Die zwei reckten sich und streckten sich, und als sie merkten, daß sie nicht mehr zusammengewachsen waren, schlug jeder gleich mehrere Purzelbäume. Dann schüttelten sie dem Simsalabim die Hand, als wollten sie ihm den Arm auskugeln.

Die zwei Bären:

Du hast dich beeilt
und du hast uns geteilt
und du hast uns geheilt,

und es war gar nicht schlimm,
und du bist ein tüchtiger
Simsalabim.
Wir danken dir schön . . .
Und auf Wiedersehn!
Sie wollten auf und davon gehen.
Simsalabim:
Halt! Halt! So einfach geht das nicht!
Ich bin auf meinen Lohn erpicht.
Das Operieren kostet Geld,
wie leider alles auf der Welt.
Sonst mach aus zwei ich wieder eins . . .
Die zwei Bären:
Was willst du? Geld? Wir haben keins.
Sie holten eine leere Konservendose und kamen an den
Rand der Bühne.
Brumm, brumm, brumm.
Ach, liebes Publikum,
helft uns doch aus der Patsche raus.
das Stück ist ohnehin jetzt aus.
Werft einen Groschen nur pro Kopf
hinein in unseren Sammeltopf.
Wir gehn damit jetzt gleich herum
und danken vielmals, brumm, brumm, brumm.
Die beiden Bären kletterten hinunter und gingen mit der
Dose von einem zum andern. Kasperl stand oben und
bimmelte mit der Glocke.
«Hereinspaziert! Hereinspaziert! In zehn Minuten be-
ginnt die nächste Vorstellung.»
Sie spielten das Märchen vom Bärenpärchen mehrere

159

Male, bis sie genug Geld zusammenhatten. Dann rannten sie los zur Achterbahn und zur Grottenbahn und zum Karussell und zur Luftschaukel und überall hin. Und sie aßen türkischen Honig, bis sie fast platzten.

Hallo, ich bin ein Bär.

Ich kann Flaschen werfen

und Platten spielen

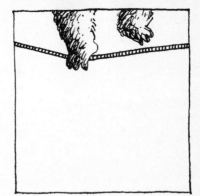

und Seil tanzen

und Fahrrad fahren

und mich wohlfühlen.

Bärenhunger
von Ilona Bodden

Von wo hat nur der Stachelbär
die furchtbar vielen Stacheln her?

Der Erdbär andrerseits hat keine.
Wer weiß – vielleicht versteckt er seine?

Doch auch der Himbär, weich und glatt,
vermutlich keine davon hat.

Der Preiselbär, den wir mal trafen,
gehört natürlich zu den braven.

Jaja – auch der Johannisbär
setzt sich so gut wie nie zur Wehr.

Ganz harmlos – lasse dich belehren –
sind auch die Brom- und Heidelbären.

Und die Holunderbären auch
da hinten im Holunderstrauch.

Doch alle andern sind entbärlich,
um nicht zu sagen: sehr gefährlich!

Drum merk es, daß nicht jeder wild
gleich seinen Bärenhunger stillt.

Eine schrecklich aufregende Bärengeschichte

Als Oma gestern vom Einkaufen nach Hause kam

fand sie an der Haustür einen Brief.....

...der sie schrecklich aufregte, und alle ihre Nachbarn auch.

164

Man rief nach der Polizei und der Feuerwehr, die sich mutig und besonnen Omas Küche näherten.

Was sie dort vorfanden, war Oma sehr peinlich.

Und am Nachmittag mußte Olaf dann üben, wie man

BROMBEEREN

schreibt.

165

Ein Abzählvers

Amtmann Bär
schickt mich her,
ich soll holen
zwei Pistolen,
eine für dich
und eine für mich
ich bin ab
und du noch nicht

Ein Schnellsprechvers

Bim Berner Bäregrabe
Bättled d Bäre Bire vom Bärewärter

Von großen Bären

Es war einmal ein Ameisenbär,
dem lief auf einer Reise
das A davon und kam nicht mehr.
Jetzt fürchtet ihn die Meise.
(Georg Bydlinski)

Im Schaufenster
von Felix Mitterer

Der große Bär stand eines Tages unversehens in einem
Schaufenster des Jagdbekleidungsgeschäftes Steiner und
schaute verwundert auf die Maria-Theresien-Straße hinaus. Herr Steiner Junior hatte den Bären von einem
Zirkus gemietet, und das schöne Tier sollte als Blickfang
für die sportliche Jägerbekleidung dienen. So stand nun
der große Bär in einem schmalen Gitterkäfig im Schaufenster, und um ihn herum standen männliche Puppen,
bekleidet mit grünen Jägerhemden und Jägerjacken und
Jägerhosen und Jägermänteln und Jägerhüten; jede auch
behängt mit einem Jagdgewehr. Die Idee von Herrn
Steiner Junior war eine gute Idee, denn tatsächlich sammelten sich die Passanten vor dem Schaufenster an und
bestaunten den großen Bären, der ein braunes Fell besaß
und blitzende, lange Zähne. Oberhalb des Schaufensters
war ein Lautsprecher angebracht, so daß man das Brummen des Bären besser hören konnte. Manchmal, wenn
einer zum Spaß ans Fenster klopfte, brüllte der Bär auch,
und dann wichen die Passanten erschrocken zurück.
Zweimal am Tag erschien ein Wärter vom Zirkus, der
den großen Bären fütterte und tränkte. Am Abend blieb
das Licht bis Mitternacht im Schaufenster eingeschaltet,
damit auch die Leute, die aus den Kinos und Restaurants
kamen, den Bären und die schönen Jagdkleider bewun-

dern konnten. Nicht alle Passanten waren damit einverstanden, daß Herr Steiner Junior einen lebenden Bären als Reklame benutzte. Manche meinten, ein ausgestopfter Bär hätte wohl auch als Blickfang genügt. Besonders an den Nachmittagen, wenn die Sonne heiß in die Auslage brannte und die Wasserschüssel längst leer war, schüttelten manche Leute den Kopf und meinten, so etwas sei nicht recht. Einige gingen auch ins Geschäft und sagten zu den Verkäufern, man solle doch wenigstens die Wasserschüssel nachfüllen, was dann auch geschah. Trotzdem fühlte sich der große Bär anscheinend sehr unwohl, denn stundenlang stand er im Käfig, umfaßte mit den Pranken die Gitterstäbe und wiegte ununterbrochen seinen schweren Körper hin und her. In der fünften Nacht sprühte ein Unbekannter mit roter Farbe einen Satz auf die Schaufensterscheibe: LASST DEN BÄREN FREI! Herr Steiner Junior ließ die Aufschrift am Morgen sofort von einem Lehrling herunterwaschen und erstattete bei der Polizei Anzeige gegen Unbekannt wegen Geschäftsstörung und boshafter Sachbeschädigung. In der siebten Nacht versuchte ein Unbekannter die Auslagenscheibe mit einem Stein einzuwerfen, um den Bären zu befreien. Aber das mißlang, weil die Scheibe einbruchsicher war und außerdem sofort eine Alarmsirene losheulte. Herr Steiner Junior ließ die beschädigte Scheibe auswechseln und erstattete wiederum Anzeige. In der zehnten Nacht setzte ein Unbekannter die Alarmanlage außer Betrieb, erbrach das Tor zur Hofeinfahrt, dann die Tür zum Lieferanteneingang, dann die Tür vom Lager zum Geschäft, öffnete den Käfig des Bären und verschwand wieder. Zwei Stunden später erwachte der Bär aus seinem unruhigen Schlaf, weil ein Motorrad donnernd an der Auslage vorbeifuhr. Er schaute eine Weile auf die menschenleere Maria-Theresien-Straße hinaus und wollte sich dann wieder in einer Ecke des Käfigs zusammenrollen. Dabei stieß er aber mit dem Hinterteil gegen die offene Käfigtür, und sie bewegte sich quietschend. Der große Bär schaute erstaunt und schlug dann mit einer Pranke leicht gegen die Tür. Sie öffnete sich noch ein Stück weiter. Da erhob sich der Bär auf die Hinterbeine, trat aus dem Käfig, ging um ihn herum und wollte die Auslage durch die Scheibe verlassen. Er prallte aber heftig mit der Nase gegen das Glas, brummte verärgert und wußte nicht, was ihn da aufhielt. Er probierte es noch einmal, aber wieder prallte er gegen das Glas. Verwundert begann er nun mit den Pranken die unsichtbare Wand abzutasten und daran zu kratzen, und schließlich leckte er auch mit seiner langen Zunge daran. Er überlegte nun eine Weile, dann schlug er plötzlich mit beiden Pranken mehrmals gegen das Glas, aber es nützte nichts. Da wurde der große Bär böse und begann im Schaufenster um sich zu schlagen und riß dabei sämtliche Puppen mit all den schönen Jägerkleidern zu Boden. Draußen ging eben ein betrunkener Herr vorbei. Er blieb fassungslos stehen, wischte sich ungläubig über die Augen und ging denselben Weg wieder zurück, wahrscheinlich in das Gasthaus, aus dem er eben gekommen war, um noch ein weiteres Gläschen zu trinken. Der große Bär verwickelte sich in einen weiten, grünen Hubertusmantel, stolperte und fiel plötzlich durch den grünen Vorhang in das Innere des Geschäftes. Nachdem er unwillig brummend den lästigen Mantel in kleine Streifen zerrissen hatte, tappte er im dunklen Geschäft herum, bis er die offenstehende Tür zum Lagerraum fand. Dort lief er gegen einen langen Metallständer, auf dem Hunderte von Kleidungsstücken hingen, und fiel mit ihm zu Boden. Der große Bär war nun ziemlich verärgert und machte aus dem Lagerraum Kleinholz. Ganze Regale mit Jägerkleidung stürzte er um, zerfetzte auch etliche zur Jägerkleidung passende Frauenkleider, sogenannte Dirndl, und stand schließlich als Sieger im Kampf gegen das Kleiderheer aufrecht mitten im Lager. In diesem Augenblick betrat ein Herr von der Wach- und Schließgesellschaft den Lagerraum, weil er bei seinem Kontrollgang die offenen Türen bemerkt hatte. Der Wächter schaltete das Licht ein, sah den Bären und fiel in Ohnmacht, bevor er noch schreien konnte: «Halt, wer da?!» Der große Bär stieg über den ohnmächtigen Herrn von der Wach- und Schließgesellschaft hinweg und ging durch den Lieferanteneingang in den Hof hinaus. Dort rannte er im Dunkeln gegen ein Auto, das Herrn Steiner Junior gehörte, aber das wußte der Bär nicht. Er ärgerte sich nur von neuem, holte weit aus mit seinen Pranken und drosch dem Auto eine aufs Dach, daß dieses einen halben Meter einsank. Das tat aber dem großen Bären nicht wenig weh. Er steigerte sich in einen ziemlichen Zorn und zerlegte den schönen, jagdgrünen Mercedes des Herrn Steiner Junior fast in sämtliche Einzelteile. Die Scheiben mußten daran glauben und die Scheinwerfer und die Rücklichter, der Kofferraumdeckel bekam Beulen und auch der Auspuff fiel scheppernd zu Boden. Mitten in dieser geräuschvollen

Aktion erschien plötzlich Herr Steiner Junior auf einem Balkon des Innenhofs. Er war durch den Lärm aus dem Schlaf gerissen worden. «Was ist denn da los?» rief er, erhielt aber keine Antwort, rannte also über die Stiege herunter, schaltete die Hofbeleuchtung ein und stand dem großen Bären gegenüber. Herr Steiner Junior erschrak entsetzlich. Der Bär aber blickte ihn gleichmütig an, denn sein Zorn war verraucht und er machte nun einen eher friedlichen Eindruck. Herr Steiner Junior aber wußte das nicht zu schätzen. Zu groß war sein Schreck über den Ausbruch des Bären und noch größer über die mutwillige Vernichtung seines jagdgrünen Autos. Er drehte sich um, rannte blitzschnell in seine Wohnung, holte die Jagdflinte aus dem Kasten, lud sie, lief auf den Balkon, legte an – aber da war keine Spur mehr vom Bären, denn der hatte den Hof bereits durch das offenstehende Tor verlassen. Fluchend rannte Herr Steiner Junior auf die Straße hinaus und erblickte den großen Bären, wie er gemütlich an den Auslagen vorbeibummelte. Herr Steiner Junior legte an, zielte, schoß – und da gabs ein gewaltiges Krachen und Klirren, weil nämlich eine Auslagenscheibe von Herrn Steiners Jagdbekleidungsgeschäft auseinanderbarst. Was für ein Unglück! Der große Bär aber trollte sich unverletzt davon. Er trabte durch die Herzog-Friedrich-Straße, vom Marktgraben zum Innrain, an der Dankl-Kaserne vorbei, über die Innbrücke, die Höttinger Gasse hinauf, sah vor sich im Licht des Mondes das Karwendelgebirge, an dessen Fuß weite Fichtenwälder sich erstrecken, schnaufte zufrieden auf, und war auch bald zwischen den schützenden Bäumen verschwunden.

Ein Winter im Leben des Großen Bären
von Jean-Claude Brisville

Damals war der Große Bär der König des Waldes. Er war so groß und so stark, daß er sich vor niemandem zu fürchten brauchte. Nur das Wolfsrudel wagte es manchmal, ihm die Beute streitig zu machen, die er in seine Höhle schleppte. Doch mit einem Tatzenhieb jagte der Große Bär die Räuber in die Flucht.

An einem eiskalten Morgen im frühen Winter riß der Himmel, der wie ein großes Federbett aussah, über der gefrorenen Erde auseinander. Der erste Schnee! Bald standen nur noch weiße Geisterbäume im Wald, und es schien, als habe die Sonne sich in ihr Wolkenbett vergraben, aus dem sie nur manchmal bleich hervorlugte.

Der Große Bär verschlief die Wintertage in seiner warmen Höhle. Als er eines Abends die Augen öffnete, sah er, daß seine Speisekammer leer war. Und weil es im Wald nichts mehr zu fressen gab, beschloß er, im Lande der Menschen jagen zu gehen. Dick eingemummt in seinen warmen Pelz wanderte er zum fernen Dorf. Mitten auf dem Dorfplatz hatte ein kleiner Wanderzirkus sein Zelt aufgeschlagen. Neugierig schlich sich der Große Bär heran und spähte durch einen Schlitz in der Zeltwand: Auf einem Seil, das hoch über der Manege gespannt war, sah er ein Mädchen tanzen. Nie hätte sich der Große Bär ein anmutigeres und zarteres Wesen vorstellen können. Und er, der so plump und ganz und gar behaart war, spürte plötzlich ein ganz neues, zärtliches Gefühl in seinem Herzen.

Tanjuschka (sie hieß nicht so, sondern hatte als Seiltänzerin diesen Namen nur angenommen) war in ihren Wohnwagen zurückgekehrt. Als sie gerade Feuer machen wollte, um ihr Abendessen zu kochen, klopfte es an ihre Tür. Sie öffnete sie einen Spalt und schrie laut auf: Ein aufrecht stehender Bär verbeugte sich vor ihr und stammelte in seiner rauhen Bärensprache einen Gruß. Entsetzt schlug Tanjuschka ihm die Tür vor der Nase zu.

Völlig verwirrt von diesem Empfang stürzte der Große Bär davon und versteckte sich beschämt im Wald. Wie konnte er, der es doch nur freundlich gemeint hatte, sie so erschreckt haben? Als er dann aber beim hellen Mondschein sein Spiegelbild in einem gefrorenen Weiher erblickte, empfand er zum ersten Mal, wie riesengroß und schwerfällig er war. Und nun schämte er sich ein bißchen seiner Stärke, auf die er früher so stolz gewesen war.

In dieser Nacht wälzte sich der Große Bär voll Kummer schlaflos von einer Seite auf die andere. Beim Morgengrauen aber hatte er seinen Entschluß gefaßt.

Adalbert Rodogum, der Zirkusdirektor, trank gerade zum Frühstück eine Tasse Ziegenmilch (von einer dressierten Ziege namens Meckerliese, der Attraktion unter seinen Zirkustieren), als der Große Bär ohne Voranmeldung bei ihm eintrat. Adalbert fiel vor Schreck von seinem Schemel. Der Große Bär wiegte seinen dicken Kopf und seine mächtigen Tatzen hin und her und versuchte ein paar Walzerschritte. Adalbert wollte seinen

Augen nicht trauen: Ein Bär, der freiwillig arbeiten will! Ein Bär, der aus dem Wald kommt, um im Zirkus zu tanzen! Und als der Große Bär dann sogar selber seinen Nacken beugte, um ihn in die Eisenkette zu stecken, da hätte Adalbert vor Begeisterung über dieses Wunder am liebsten laut geschrien.

So also wurde der Große Bär, der König des Waldes, aus Liebe zu Tanjuschka Tänzer im Zirkus Rodogum. Wenn die Wölfe hätten sehen können, wie er im Zirkus als Tanzbär auftrat, wie hämisch hätten sie über ihn gelacht . . . Doch für einen zärtlichen Blick seiner Seiltänzerin hätte der Große Bär alles gern ertragen, sogar den Hohn der Wölfe. Aber ach! Sie hatte immer noch Angst vor ihm. Und wenn sich auch nach der Vorstellung alle Kinder um den Großen Bären drängten, um ihm die Tatze zu drücken – Tanjuschka kam nie in seine Nähe. «Das ist ungerecht», brummte der Große Bär, der sich bisher noch nie Gedanken über die Gerechtigkeit gemacht hatte. «Ihretwegen lasse ich mich an die Kette legen und ziehe meine Krallen ein – aber nie ein Lächeln, niemals ein liebes Wort von ihr. Nein, das ist wirklich nicht gerecht!» Und doch war er glücklich. Jeden Abend sah er Tanjuschka auf dem Seil tanzen, und jeden Abend erschien sie ihm schöner.

Weil der Große Bär so stark und fügsam war, meinten einige Zirkusleute, vor allem Adalbert, daß sie ihn zu allen möglichen Arbeiten einspannen könnten, zum Beispiel Wasser holen oder Kartoffeln schälen. Aber da hatten sie sich getäuscht. Denn wenn er auch den Wald verlassen hatte, um Tanjuschka nahe zu sein, so war er doch nicht bereit, sich ausnützen zu lassen. Der Große Bär lernte nun die Einsamkeit kennen. Tanjuschka beachtete ihn nicht, und auch alle anderen Zirkusleute mieden ihn.

Da faßte sich der Kleine Junge ein Herz und ging zu ihm. Weil er gar nichts besaß, nicht einmal einen Vornamen, wurde er einfach nur der Kleine Junge genannt. Er hatte seine Eltern nie gekannt; seine einzigen Freunde waren die Zirkustiere, die er fütterte und deren Käfige er sorgfältig saubermachte. Adalbert Rodogum, der sehr geizig war, gab ihm kaum etwas zu essen, gerade nur so viel, daß er nicht verhungerte. Der Kleine Junge war zu allen sehr freundlich, aber da er so klein und arm war, beachtete ihn überhaupt niemand. Darunter litt der Kleine Junge sehr, denn es ist schrecklich, keine Freunde zu haben. Er bewunderte den Großen Bären, aber weil er sehr schüchtern war, grüßte er ihn nur von weitem. Und der Große Bär, der immer nur an Tanjuschka dachte, hatte den Kleinen Jungen überhaupt noch nicht bemerkt. Bis zu jenem Tag, als der Kleine Junge den Großen Bären ganz allein und traurig in seiner Ecke vor sich hinbrüten sah und es wagte, zu ihm zu gehen und ihm seine Freundschaft anzubieten. Der Große Bär war einverstanden. Gewiß hätte er lieber ein zärtliches Wort von Tanjuschka gehört, aber man bekommt im Leben nicht immer, was man sich wünscht. Der Kleine Junge aber war sehr glücklich und wich dem Großen Bären nie mehr von der Seite. Nachts schlief er tief und fest in sein warmes Fell gekuschelt. Der Große Bär brummte ganz leise und räumte ihm einen Platz zwischen seinen Tatzen ein, denn er hatte große Angst, er könnte ihn im Schlaf erdrücken.

Und so wuchs ihre Freundschaft. Adalbert Rodogum wollte sie für sich ausnützen. ‹Wenn der Große Bär unten in der Manege schon so viel Erfolg hat, wie groß wird der Applaus dann erst sein, wenn er hoch oben auf einem Seil Rad fährt?› dachte er. ‹Ein Bär als Seiltänzer, das lockt eine Menge Menschen an, und ich werde viel Geld verdienen.› Aber da er nicht den Mut hatte, selber mit dem Großen Bären zu sprechen, ließ er den Kleinen Jungen kommen und befahl ihm, seinen Freund zu überreden. Der Kleine Junge weigerte sich jedoch. Radfahren hoch oben unter der Zirkuskuppel ... und noch dazu auf einem Drahtseil – das war viel zu gefährlich für den Großen Bären! «Wenn er herunterfällt, ist er tot», sagte weinend der Kleine Junge. «Er ist zu schwer für einen Seiltänzer. Ich will nicht, daß er einer wird!» Wutentbrannt gab Adalbert dem Kleinen Jungen eine Ohrfeige. «Du tust, was ich dir sage!» brüllte er. «Der Große Bär ist dein Freund. Und wenn du ihn bittest, wird er auf dem Seil radfahren.» Und als der Kleine Junge noch immer nicht gehorchen wollte, hob er den Arm, um ihn zu schlagen. In diesem Augenblick aber kam der Große Bär, der das Weinen seines Freundes gehört hatte, in den Wohnwagen gestürzt. Er blickte Adalbert drohend an und ließ ein fürchterliches Brummen hören. Adalberts Arm sank langsam herunter. Mit einem Lächeln, das eher einer häßlichen Grimasse glich, wollte er dem Großen Bären weismachen, daß alles nur ein Scherz gewesen sei. Von diesem Tag an ließ er den Kleinen Jungen in Ruhe, und der war dem Großen Bären sehr dankbar.

Die Tage vergingen, und es wurde immer kälter. Die Zirkuswagen rollten mühsam auf verschneiten Wegen von einem Dorf zum anderen. Der Affe zitterte vor Kälte, die beiden Clowns waren traurig, und der Akrobat hatte Rheuma.

Eines Abends schloß die Füchsin Aviva nach einem schlimmen Hustenanfall für immer ihre schönen Augen. Sie kam aus Afrika, und das Klima im Norden war viel zu rauh für sie. Tanjuschka nahm nun Avivas Sohn, den kleinen Wüstenfuchs Messali, zu sich. Messali war ein besonders hübscher Fuchs mit einer zierlichen Schnauze, großen seidigen Ohren und einem wehmütigen Blick. Tanjuschka wickelte ihn in ihren Schal und drückte ihn fest an sich, denn der arme Kleine zitterte vor Kälte und Kummer. Von nun an waren die beiden unzertrennlich. Tanjuschka liebte Messali, und Messali war nur glücklich, wenn er sich in Tanjuschkas Arme kuscheln konnte. Da lernte der Große Bär die Eifersucht kennen. «Wozu stark, fleißig und mutig sein, wenn man doch nicht geliebt wird?» brummte er. Und der Kleine Junge, der zwischen seinen Tatzen schlief, glaubte im Traum das Grollen eines Gewitters zu hören. Doch eines Morgens schöpfte der Große Bär wieder Hoffnung. Tanjuschka hatte sich erkältet und war deshalb in ihrem Wohnwagen geblieben. ‹Sie muß sich langweilen›, dachte er. ‹Wenn es mir gelingt, ihr die Zeit zu vertreiben, wird sie mir vielleicht ihre Aufmerksamkeit schenken. Aber womit sie unterhalten?› Da fiel ihm plötzlich etwas ein. Er lief zu den Käfigen und kam mit einem Strohbündel in den Tatzen zurück, das er freudestrahlend auf den Boden warf. Dann zündete er es

180

mit einem Streichholz an, wie er es bei den Menschen gesehen hatte. Tanjuschka, mit dem kleinen Messali auf dem Arm, stand am Fenster und schaute neugierig zu, wie der Große Bär eifrig ins flackernde Feuer blies. Sie klatschte in die Hände und lachte. Ganz verrückt vor Freude wollte nun der Große Bär genauso wie der Zirkustiger mit einem Satz über die Flammen springen. Aber ach! Er war zu schwer, fiel ins Feuer und verbrannte sich seinen Pelz. Jammernd wälzte er sich im Schnee, um die Glut in seinem Fell zu löschen. Tanjuschka lachte aus vollem Hals. Und Messali, ich glaube, sogar auch Messali ließ ein Lächeln über sein Gesicht huschen. «Das ist zuviel, einfach zuviel!» brüllte der Große Bär, stürzte wutschnaubend und mit noch immer rauchendem Pelz zum Wohnwagen, kletterte die Stufen hinauf und stieß mit einem gewaltigen Prankenschlag die kleine Tür auf. Als der Große Bär riesengroß und bebend vor Zorn vor ihr stand, ließ Tanjuschka, zu Tode erschrocken, den kleinen Fuchs fallen, der sich unter den Tisch verkroch. Der Große Bär packte ihn am Genick und schüttelte ihn. Tanjuschka wurde blaß vor Angst. ‹Er wird dich töten›, dachte sie. ‹wird meinen kleinen Messali, meinen lieben kleinen Wüstenfuchs töten... Dieses Ungeheuer bringt dich um!› Als der Große Bär diese Worte in ihren Augen las, begann er sich furchtbar zu schämen. Ein Mörder... beinahe wäre er ein Mörder geworden! Behutsam setzte er Messali auf den Tisch und tappte mit gesenktem Kopf schwerfällig hinaus.

Danach ist er in den Wald zurückgekehrt, doch der Wald erkannte seinen König nicht wieder. Armer Großer Bär!

Er hatte bei den Menschen alles verloren und wünschte sich nur noch eines: einen langen, tiefen Schlaf in seiner Höhle. Zuerst trauten sie ihren Augen nicht. «Ist das wirklich der Große Bär?» fragten die Wölfe, die auf der Lauer lagen. «Was macht er für ein trauriges Gesicht! Er muß krank sein . . .», und ihre Zähne in den geifernden Rachen leuchteten böse. Vorsichtig hatten sie sich an ihn herangeschlichen, aber er sah sie überhaupt nicht. Mit gesenktem Kopf trottete er vor sich hin. Er war zu traurig, er wollte nicht kämpfen. Da gab der mutigste Wolf das Zeichen zum Angriff, und das ganze Rudel fiel über ihn her. Er verteidigte sich nicht einmal. Was machte es ihm schon aus zu sterben! Plötzlich schallten Rufe durch den Wald. Die Wölfe, die den Großen Bären schon an der Kehle gepackt hatten, ließen ihn los. Wer konnte es wagen, sie bei ihrem Festschmaus zu stören? Durch eine schnelle Bewegung seiner Schnauze machte einer der Wölfe verächtlich grinsend seine Gefährten auf eine kleine, mit einem großen Stock bewaffnete Gestalt aufmerksam, die mühsam durch den Schnee heranstapfte. Das war der Kleine Junge, der der Spur seines Freundes gefolgt war und ihm jetzt zu Hilfe eilte. Die Wölfe verständigten sich mit einem Blick. Der Kleine Junge würde eine gute Vorspeise abgeben! Und mit diesem Dummkopf von Großem Bären, der auf dem Rücken lag und alle viere von sich streckte, würden sie sich später weiterbeschäftigen. Heulend stürzte das Rudel los. Als der Kleine Junge sie auf sich zujagen sah, wußte er, daß er sterben mußte. Doch als der schnellste Wolf ihn gerade anspringen wollte, hallte ein furchtbares Grollen durch den Wald, und hinter den Wölfen erhob sich ein riesengroßer Schatten. «Großer Bär!» schrie der Kleine Junge. Und richtig, es war der Große Bär, der nicht wollte, daß sein Freund gefressen wurde. Ein paar Prankenhiebe – der Weg war frei – und die verängstigten Wölfe sausten mit eingezogenen Schwänzen davon.

Hand in Tatze und Tatze in Hand, so verließen die beiden Freunde das Land der Menschen. Es tat ihnen gar nicht leid, denn glücklich waren sie dort nie gewesen. Tief im Wald wartete die Höhle des Großen Bären auf sie. Durch Schnee und Kälte liefen sie zu ihr. Was konnte der Winter ihnen schon anhaben? Die schlechten Tage waren vorüber. Nun blieben sie für immer zusammen.

Doktor Bär

Doktor Bär
schickt mich her,
ob der Kaffee fertig wär'.
Morgen um sieben
wird er gerieben,
morgen um acht
wird er gemacht,
morgen um neun
kommt er herein,
da soll der Kaffee fertig sein.

Der Bär und das Mädchen
Ein russisches Märchen

Es war einmal ein Mädchen, das hieß Anja und lebte mit seiner Mutter in einer Hütte am Rande des großen Waldes.

Eines Tages ging Anja mit ihren Schwestern Brombeeren pflücken. Sie fand einen großen Strauch mit reifen, schwarzen Brombeeren. Doch als der Korb voll war und Anja aufsah, waren ihre Schwestern verschwunden. Anja rief, aber niemand antwortete. Da lief sie hastig weiter. Doch der Pfad wurde immer schmaler, und Anja geriet tiefer und tiefer in den Wald hinein.

Endlich kam sie zu einer Hütte, die auf einer Lichtung stand. Anja klopfte, und als keiner antwortete, trat sie ein und wärmte sich am Feuer im Herd.

Bald darauf ging die Tür auf, und ein großer, brauner Bär kam herein.

«Was machst du in meiner Hütte, und wie heißt du», fragte er.

Anja erzählte ihm ihre Geschichte, und der Bär befahl ihr, bei ihm zu bleiben, für ihn zu kochen und die Hütte rein zu halten, während er draußen im Wald jagte.

«Wenn du fortläufst, würde ich dich finden und dich fressen», sagte der Bär.

Also blieb Anja in der Hütte. Sie kochte und wusch, und der Bär war zufrieden mit ihr.

Als ein Jahr vergangen war, faßte sich Anja ein Herz, und sie bat den Bären, ihrer Mutter ein Geschenk von ihr zu bringen.

Der Bär war einverstanden, und Anja machte sich daran, ein Blech voll Honigkuchen zu backen. Als die Kuchen fertig waren, holte sie eine große Kiepe und sagte zum Bären: «Ich werde die Honigkuchen hineinlegen, damit du sie meiner Mutter bringen kannst. Aber versprich mir, keinen einzigen davon aufzuessen. Ich werde auf das Dach der Hütte klettern und aufpassen.»

Der Bär nickte. Doch als er draußen war, stieg Anja rasch in die Kiepe und versteckte sich unter den Honigkuchen.

Nach einer Weile kam der Bär zurück, sah, daß die Kiepe bereitstand, schnallte sie sich auf den Rücken und machte sich auf den Weg.

Er war wohl eine Stunde gegangen, als er hungrig wurde.

«Ich werde mich dort auf den Baumstumpf setzen und einen Honigkuchen probieren», murmelte der Bär.

«Hast du dein Versprechen vergessen?
Die Honigkuchen sollst du nicht essen!»
rief Anjas Stimme.

Der Bär sah sich um und wunderte sich. Sie hat scharfe Augen, dachte er, packte die Kiepe wieder auf den Rücken und ging weiter.

Doch nach einer Weile konnte er dem Duft der Honigkuchen nicht länger widerstehen. Er schlich sich in ein dichtes Gebüsch, stellte die Kiepe auf den Boden und griff nach einem Honigkuchen.

«Hast du dein Versprechen schon wieder vergessen,
die Honigkuchen nicht zu essen!»

186

rief da Anjas Stimme.

Der Bär erschrak. Daß Anja ihn diesmal ertappt hatte, konnte nicht mit rechten Dingen zugehen. Hastig nahm er die Kiepe und trottete weiter. Er hielt erst an, als er vor der Hütte stand, in der Anjas Mutter lebte.

«Ich bringe dir etwas von deiner Tochter», rief er und stellte die Kiepe ab.

Die Tür öffnete sich, und zwei große Jagdhunde schossen heraus. Da bekam es der Bär mit der Angst zu tun und er rannte davon, dem Waldrand zu.

Anja aber kletterte aus der Kiepe, und ihre Mutter nahm sie in die Arme.

(Übersetzt und nacherzählt von Renate Nagel)

ORSO
von Anne Faber

Ein langweiliger Ferientag.
Das Kind starrt durch die Fensterscheiben auf den Regen,
der draußen wie ein fader Schleier vor den Häusern hängt
und vor dem Wald und den Bergen.
«Großvater, erzähl mir was!»
Der Alte brummt vor sich hin. Er sitzt am Tisch und
ordnet in einer kleinen Schachtel künstliche Fliegen. Mit
denen fängt er die Fische im Fluß.
«Großvater, erzähl mir was!»
«Was soll ich dir erzählen?»
Irgendwas, ganz gleich, was dir gerade einfällt, alles ist
besser als gar nichts an so einem langweiligen Tag, denkt
das Kind und dreht sich ungeduldig vom Fenster weg.
Dabei stößt es mit dem Fuß an den vergammelten Teddybären, der auf dem Boden liegt. Er sieht wirklich ver-
wahrlost aus, das linke Ohr hängt nur noch an einem
Faden, das rechte fehlt ihm ganz, und sein armseliges Fell
ist abgewetzt und schmutzig. Früher hatte das Kind nie
einschlafen wollen ohne ihn, aber jetzt ist es ein großes
Mädchen, das in die Schule geht und sich nicht mehr an
ausgestopfte Stofftiere kuschelt.
Der Großvater macht die Fliegenschachtel zu, und das
Kind hebt den Teddy auf und wirft ihn in die Ecke. Dort
bleibt er liegen, mit der Schnauze nach unten, alle viere
von sich gestreckt.

189

«Bärenfüße sind beinahe wie Menschenfüße», sagt der Alte. Großvaters Geschichten fangen oft seltsam an.

«Bären haben doch Tierpfoten, so richtige Pelztatzen», meint das Kind.

«Ja, mit riesigen stumpfen Krallen. Aber die Sohle ist nackt wie beim Menschen, und der Bär hat auch fünf Zehen und tritt genau wie der Mensch mit der ganzen Fußsohle auf, nicht nur mit den Zehen wie der Hund oder die Katze.»

«Gibt es noch Bären?» fragt das Mädchen.

«In anderen Ländern schon. Früher sind sie im Sommer auch bei uns durch die Wälder gezogen, und den Winter haben sie droben in den Bergen verschlafen. Das ist lang her. Die Leute hier im Tal sind immer mehr geworden, und die Bären immer weniger, und dann sind sie ganz ausgestorben, haben Platz gemacht für den Menschen, seine Straßen und seine Häuser. In der Zeit der letzten Bären ist einmal ein Mann aus der Stadt in den Bergen herumgestiegen. Er trug über der Schulter ein Gewehr. Es war ein heller Tag im April. Die ersten Blumen haben schon geblüht, aber wo die Sonne nicht hinreichte, lag immer noch ein wenig Schnee. In so einem Schneefleck entdeckte der Mann die Abdrücke von Füßen, wie von einem riesigen Menschen, aber an den Zehen waren Krallen – Bärenkrallen. Neugierig folgte er der Spur. Er hatte gehört, daß Bären die Menschen nicht angreifen, aber sein Gewehr nahm er doch von der Schulter. Als das Schneefeld zu Ende war und er die Bärentritte nicht mehr erkennen konnte, fand der Mann andere Zeichen. Das Tier hatte überall nach Würmern, Maden, Ameisen und

190

Wurzeln gesucht für seinen hungrigen Bauch. Aufgekratzte Erde, zerwühltes altes Laub, abgerissene Baumrinden und geknickte Zweige waren eine deutliche Fährte. Sie führte ihn über Felsen und umgestürzte Baumstämme steil nach oben. Plötzlich hörte der Mann ganz in seiner Nähe ein wütendes Brummen, und aus dem Dickicht vor ihm tauchte ein Kopf auf, gewaltig groß, mit kleinen mißtrauisch bösen Augen. Mit lautem Knacken brachen die Äste auseinander, und ein mächtiger Bär stürzte auf ihn zu.

Der Mann schoß, ohne nachzudenken. Dreimal drückte er ab, dann war die alte Bärin Orsa tot.»

«Warum hat sie denn Orsa geheißen?» fragt das Mädchen.

«Die Leute im Tal hier haben sie so genannt. Jäger, Holzfäller, Beerenpflückerinnen und Pilzsammler, alle waren der Bärin schon begegnet. Jeder kannte sie. Orsa war ein gewaltiges Tier, und am Hals hatte sie im schwarzbraunen Pelz einen leuchtendhellen Streifen, wie ein Halsband. Sie zog auf immer denselben Pfaden durch die Wälder, oft hatte sie ihre Jungen dabei, und wenn ein Mensch in ihrer Nähe auftauchte, mußte er nur ruhig stehen bleiben, dann trottete sie weiter und kümmerte sich nicht um ihn. Seit mehr als dreißig Jahren war das so gewesen. Die Jäger jagten nicht nach ihr, ich weiß nicht, warum. Noch nie war ihr einer gefolgt, und schon gar nicht hinauf in die Berge, wohin sie sich im Winter verkroch und dort irgendwann in den Wochen um Weihnachten einen, zwei oder drei kleine Bären zur Welt brachte. Und jetzt war sie tot, und keiner war froh darüber. Ein paar von den stärksten Männern vom Tal schleppten die tote Orsa hinunter. Einer von ihnen, ein Holzfäller, kletterte am nächsten Morgen noch einmal hinauf und suchte nach der Bärenhöhle. Er fand sie in einem Felsen, gleich hinter dem Dickicht, vor dem Orsa getötet worden war. Mit Laub, Moos und Blättern war das Lager sorgsam ausgepolstert, und in einem Winkel kauerte Orsas kleiner Sohn. Der Holzfäller trug ihn auf seinem Arm hinunter ins Dorf zu seiner Tochter.»

«War die schon groß?» fragt das Mädchen.

«Nein, sie war noch ein Kind, acht Jahre alt vielleicht, so wie du.»

«Wie hat sie geheißen?»

Der Alte zwinkert mit den Augen.

«Veronika – so wie du», sagt er.

Das ist natürlich erfunden, denkt das Mädchen Veronika, aber das gehört zu Großvaters wahren Geschichten dazu; und sie sagt:

«Weiter, Großvater, weiter!»

«Der kleine Bär wuchs mit den Kindern im Dorf auf, er gehörte zu ihnen, und sie nannten ihn Orso. Er war mollig und weich, lieb und drollig, kugelte mit ihnen auf dem Boden herum, kletterte auf Bäume und purzelte wieder herunter, balgte sich mit den jungen Hunden, verscheuchte die Hühner; er machte Kunststücke nach, stellte sich auf die Hinterbeine und wackelte herum wie ein kleiner Mensch, der das Laufen lernt, und er war immer hungrig. Was er nur erwischen konnte, stopfte er in sein gieriges Maul: Äpfel, Brot, Hühnerfutter, Kuchen und frische Eier. Die Kinder sammelten Kastanien und suchten im Wald Beeren, Pilze, Bucheckern und Eicheln für Orso, den Vielfraß. Wenn Veronika ihm ein dickes Honigbrot brachte, verschlang er es laut schmatzend und brummte vor Wonne.

Orso fraß und wuchs und fraß – und er wuchs so schnell, daß die Kinder ihm dabei zuschauen konnten. Im Nu war er ihnen über die Köpfe gewachsen. In fünf Jahren wurde aus dem mollig weichen Bärenkind ein ausgewachsener Bär, riesenhaft, rund und zentnerschwer. Sein Hunger war maßlos und nicht mehr zu stillen. Und er begann, sich selber zu holen, was ihn lockte: Die Eier aus dem Hühnerstall, den Honig aus dem Bienenhaus, er brach in die Speisekammern ein und stahl das Brot aus der Küche und den Kuchen vom Tisch. Als das Getreide reif wurde, rutschte er eines Nachts auf seinem gewaltigen Hintern durch die Felder und schaufelte die jungen Körner mit den Pranken ins Maul.

Als die Bauern am anderen Morgen die Verwüstung sahen, ging einer von ihnen voll Wut mit einem Prügel auf den Bären los. Da schlug Orso zu mit seinen mächtigen Pranken. Der Prügel flog dem Mann aus der Hand, und er bekam einen Hieb über den Kopf, von dem ihm eine Narbe blieb sein Leben lang.

‹Orso ist ein wildes Tier geworden›, sagten die Leute vom Dorf und legten ihn an eine Kette.

Von dem Tag an hockte der Bär dumpf und verschlafen hinter einem Schuppen. Nie rüttelte er an seiner Kette, er hockte nur immer da, fast ohne sich zu rühren. Er hob kaum den Kopf, aber die kleinen Bärenaugen lauerten mißtrauisch auf alles, was sich in der Nähe bewegte. Mit einer Stange schoben sie ihm das Futter vor die Schnauze, denn er sollte nicht mager werden. Sogar die Kinder hatten Angst vor ihm bekommen. Sie brachten ihm wie früher aus dem Wald Beeren, Pilze und Eicheln, aber dann liefen sie rasch wieder fort. Nur Veronika blieb manchmal eine Weile bei ihm sitzen. Wenn sie mit einem dicken Honigbrot zu ihm kam, verschlang er es, gierig wie immer, und sackte wieder in sich zusammen und hockte da, ohne Brummen, stumpfsinnig – weit weit weg. ‹Orso, lieber Orso›, sagte Veronika. Aber er rührte sich nicht. Die Leute vom Dorf beschlossen, Orso zu töten. Das war nichts Ungewöhnliches. Bären wurden zu der Zeit gejagt und geschossen wie Hasen, Füchse, Rehe und Hirsche noch heute. Das Fell des Bären ist dick und warm, sein Fleisch gibt einen saftigen Schinken; und die Tatzen galten als besonderer Leckerbissen. Nur hinschauen durfte man nicht so genau – weil sie aussehen wie Menschenfüße. Ein toter Bär ist ein nützliches Tier. Der lebendige Orso war nur noch eine Last. Also sollte der Jäger ihn erschießen. Damit die Kinder zuvor nichts davon erfuhren, wurde nicht laut darüber geredet. Aber Kinder haben gute Ohren, und so hörten sie es doch. Auch Veronika. Sie rannte zu ihrem Vater.

Am nächsten Morgen war Orso verschwunden. Nur die Kette lag noch hinter dem Schuppen.

‹Der Bär hat sich losgerissen›, sagten die Leute vom Dorf, obwohl sie gesehen haben, daß die Kette nicht zerrissen war, sondern von Menschenhänden aufgemacht, aber ich glaube, sie waren damit zufrieden. Es war ihnen lieber so, und keiner hat mehr darüber geredet.

194

Es heißt, daß Veronika erst als alte Frau ihren Enkeln davon erzählt hat, wie sie damals in der Nacht mit ihrem Vater zum Bären geschlichen ist, und wie sie ihn befreit haben von der Kette. Mit einem dicken Honigbrot haben sie ihn zum Waldrand gelockt. Dort stand er im Mondlicht, hochaufgerichtet und riesig, stand da eine Weile, als wüßte er nicht, wohin, dann plumpste er auf die Vorderfüße und verschwand in der Dunkelheit zwischen den Baumstämmen. Das war der Abschied von Orso», sagt der Großvater und steht auf.

Es regnet nicht mehr.

Das Mädchen Veronika holt den vergammelten Teddybären aus der Ecke. Ich werde ihm neue Ohren machen, denkt sie und streichelt sein verwahrlostes Fell.

Orso, lieber Orso . . .

Elizers Liebestraum
von Bernd Jentzsch

Vor gar nicht so vielen Jahren wie du denkst lebte unter Sternen aus rotem, grünem und silbernem Licht ein starker junger Bär, der war sehr traurig. Er hieß mit Vornamen Elizer und Elizer mit Nachnamen, und das ist bestimmt der allerschönste Name, den sich ein Bär wünschen kann. Wenn er bei seinem Vornamen gerufen wurde oder bei seinem Nachnamen oder umgekehrt, war er vergnügt wie ein Windrädchen im Wind, und doch gab es tief in seinem Herzen eine Stelle, wo die Traurigkeit saß.

Elizer Elizer, der Zirkusbär. Er wohnte in einem Käfig auf Rädern, darin rollte er in den Sommermonaten durchs Land. Jeden Abend lief er in die Manege und vollführte die erstaunlichsten Kunststücke, er tanzte, er ging auf zwei Beinen und fuhr auf einem Karussell, das sieben grönländische Schlittenhunde zogen. Zuletzt sprang er unter dem Trommelwirbel des Zirkusorchesters in den Beutel des Riesenkänguruhs, und das Riesenkänguruh sprang mit ihm aus der Manege. Aber glaube nur nicht, Elizer hätte sich einen gemütlichen faulen Feierabend bei einer Portion Rippenspeer gemacht! Nach der Vorstellung hockte er in einer Ecke des Käfigs und war traurig.

Elizer litt an einer verflixten Krankheit. Wenn sie in einen starken jungen Bären erst einmal hineingekrochen ist, findet sie so schnell nicht wieder heraus. Sie frißt und frißt gerade an der Stelle, wo die Bären das Herz haben, und die ganze Portion Rippenspeer ist futsch. Diese Krankheit hat es in sich wie keine andere, weil in ihr gleich zwei Krankheiten auf einmal miteinander um die Wette zwikken und zwacken. Die eine ist die Liebe und macht zwick!, und die zweite macht zwack!, und das ist der Kummer.

Zu lachen gibt es da gar nichts, das tut den Bären verdammt weh, so stark sie auch sein mögen. Nicht anders erging es Elizer. Abends in der neunten Stunde, wenn das Zirkusorchester den Walzer spielte, begannen die Beschwerden. Er spürte Nadelstiche genau an der Stelle, wo die Krankheit den Rippenspeer auffrißt. Wenn das Zirkusorchester den süßen Walzer spielte, erschien die Tochter des Herrn Direktors in der Manege. Sie war über alle Maßen schön. Sie hieß Greta, Marlene oder Sophia, vielleicht hieß sie sogar Marilyn. Sie hatte goldenes Haar und himmelblaue Augen. Sie trug ein rosa Kleid, rosa und mit Goldsternen übersät. Sie ging nicht, sie schwebte. Vor dem verehrten Publikum machte sie tausend artige Knickse, dann schwang sie sich in den Sattel ihres schneeweißen Schimmels und ritt die Hohe Schule, und das Zirkusorchester spielte den süßen Walzer dazu.

Elizer verschlang die schöne Tochter des Herrn Direktors mit den Augen, wenn dir das nicht zu blutrünstig klingt. Er im Laufgang vor der Manege und sie auf dem Schimmel in der Manege, und wenn er endlich in der Manege war, ritt sie hinaus. Das war Elizers ganze Krankheit. So ging das jeden Abend, und jeden Abend rüttelte Elizer an den eisernen Stäben, aber es war nur der diensthabende

Wärter, der ihm gut zuredete und ihn beim Vornamen rief oder beim Nachnamen oder umgekehrt, doch Elizer war schon lange nicht mehr vergnügt wie ein Windrädchen im Wind. Er wünschte den stolzen Schimmel zum Teufel, denn er selber wollte der Bräutigam der wunderschönen Tochter des Herrn Direktors sein. Wenn er wie du fähig gewesen wäre, lodernde Liebesbriefe zu schreiben, hätte er ihr geschrieben: Für immer und – und dann das Wort, das noch viel länger gilt. Seine Auftritte verpatzte Elizer nun immer ärger. Er lief auf drei Beinen statt auf zweien, er sprang nur noch mit einem Bein in den Beutel des Riesenkänguruhs. Da wurde seine Nummer auf dem Programmzettel gestrichen, und ein Arzt wurde herbeigerufen, der stellte weder Zahnausfall noch Beinbruch fest, und Elizer mußte die Abende im Käfig verbringen, und in der Manege spielte das Zirkusorchester den süßen Walzer.

Eines Tages ging die Tochter des Herrn Direktors ganz nahe an Elizers Käfig vorbei, und Elizer brummte drei Worte, du weißt schon, welche, und sie blieb einen Augenblick vor dem Käfig stehen. Gleich spürte Elizer, wie die verflixte Krankheit aus ihm herausfuhr, doch die Tochter des Herrn Direktors warf ihm nur eine Kußhand zu und ging weiter.

Am nächsten Tag spazierte der Schimmel am Käfig vorüber. Weil der Schimmel jeden Abend mit der Tochter des Herrn Direktors zusammen war, versuchte Elizer sein Glück bei ihm. Der stolze Schimmel sagte: «Sie ist meine Braut, jeden Abend tanzt sie mit mir.»

Am dritten Tag machte ihm der Arzt seine Aufwartung.

198

Er stellte fest, daß sich der Patient auf dem Weg der Genesung befand, verschrieb ein paar Extraportionen Rippenspeer zur allgemeinen Kräftigung, und Elizers Nummer wurde wieder ins Programm aufgenommen.

Als Elizer im Laufgang vor der Manege auf seinen Auftritt wartete und das Zirkusorchester den Walzer spielte, spürte er aufs neue die Nadelstiche, obwohl ihn der viele Rippenspeer ein wenig behäbig gemacht hatte, aber vor allem hatte er ihn bärenstark gemacht. Und gerade, als die süßeste Passage erklang, rüttelte Elizer so gewaltig an den eisernen Stäben, daß sie nachgaben wie die Rippen im Rippenspeer, und mit einem gestreckten Satz war er hindurch und in der Manege bei der wunderschönen Tochter des Herrn Direktors.

«Jetzt feiern wir Hochzeit!» rief Elizer, und er rief es immer wieder. Und die Wärter liefen herbei und gestikulierten wild mit den Armen, und Elizer rief ihnen zu: «Willkommen, ihr seid unsere Gäste!» Und das Publikum geriet in helle Aufregung und kreischte und verlangte das Eintrittsgeld zurück. «Auch ihr seid alle eingeladen!» rief da Elizer. Und der Schimmel scheute und stieg wiehernd auf die Hinterhand, und Elizer sagte zu ihm: «Du bist unser Trauzeuge.» Und die Tochter des Herrn Direktors stieß einen langen spitzen Schrei aus, der Elizer mitten ins Herz traf. «Das ist ihr Jawort!» rief er außer sich vor Freude, und er war wieder vergnügt wie ein Windrädchen im Wind, und die verflixte Krankheit fuhr mit Gebrüll aus ihm heraus, und das Netz, das die Wärter über ihn warfen, hielt er für den kostbarsten Brautschleier der Welt.

Vor gar nicht so vielen Jahren wie du denkst und unter
roten, grünen und silbernen Sternen. Elizer, der Bär, und
die wunderschöne Tochter des Herrn Direktors. Und das
Zirkusorchester spielte den süßen Walzer. Und in seinem
Käfig der starke junge Zirkusbär, und in seinem Käfig
Elizer Elizer, der war sehr traurig.

Der Bär auf dem Försterball
von Peter Hacks

Der Bär schwankte durch den Wald, es war übrigens Winter; er ging zum Maskenfest. Er war von der besten Laune. Er hatte schon ein paar Kübel Bärenschnaps getrunken; den mischt man aus Honig, Wodka und vielen schwierigen Gewürzen. Des Bären Maske war sehr komisch. Er trug einen grünen Rock, fabelhafte Stiefel und eine Flinte auf der Schulter; ihr merkt schon, er ging als Förster.

Da kam ihm, quer über den knarrenden Schnee, einer entgegen: auch im grünen Rock, auch mit fabelhaften Stiefeln und auch die Flinte geschultert. Ihr merkt schon, das war der Förster.

Der Förster sagte mit einer tiefen Baßstimme: «Gute Nacht, Herr Kollege, auch zum Försterball?»

«Brumm», sagte der Bär, und sein Baß war so tief wie die Schlucht am Weg, in die die Omnibusse fallen.

«Um Vergebung», sagte der Förster erschrocken, «ich wußte ja nicht, daß Sie der Oberförster sind.»

«Macht nichts», sagte der Bär leutselig. Er faßte den Förster unterm Arm, um sich an ihm festzuhalten, und so schwankten sie beide in den Krug zum zwölften Ende, wo der Försterball stattfand. Die Förster waren alle versammelt. Manche Förster hatten Geweihe, die sie vorzeigten, und manche Hörner, auf denen sie bliesen. Sie hatten alle

201

lange Bärte und geschwungene Schnurrbärte, aber die meisten Haare im Gesicht hatte der Bär.

«Juhu», riefen die Förster und hieben den Bären kräftig auf den Rücken.

«Stimmung», erwiderte der Bär und hieb die Förster auf den Rücken, und es war wie ein ganzer Steinschlag.

«Um Vergebung», sagten die Förster erschrocken, «wir wußten ja nicht, daß Sie der Oberförster sind.»

«Weitermachen», sagte der Bär. Und sie tanzten und tranken und lachten; sie sangen, sie hätten so viel Durst im grünen Forst. Ich weiß nicht, ob ihr es schon erlebt habt, in welchen Zustand man gerät, wenn man so viel tanzt und trinkt, lacht und singt. Die Förster gerieten in

202

einen Tatendrang und der Bär mit ihnen; der Bär sagte; «Wir wollen jetzt ausgehn, den Bären schießen.»

Da streiften sich die Förster ihre Pelzhandschuhe über und schnallten sich ihre Lederriemen fest um den Bauch; so strömten sie in die kalte Nacht. Sie stapften durchs Gehölz. Sie schossen mit ihren Flinten in die Luft. Sie riefen Hussa und Hallihallo und Halali, wovon das eine soviel bedeutet wie das andere, nämlich gar nichts, aber so ist das Jägerleben. Der Bär riß im Vorübergehen eine Handvoll trockener Hagebutten vom Strauch und fraß sie. Die Förster riefen: «Seht den Oberförster, den Schelm», und fraßen auch Hagebutten und wollten sich ausschütten vor Spaß. Nach einer Weile jedoch merkten sie, daß sie den Bären nicht fanden.

«Warum finden wir ihn nicht?» sagte der Bär. «Er sitzt in seinem Loch, ihr Schafsköpfe.» Er ging zum Bärenloch, die Förster hinterdrein. Er zog den Hausschlüssel aus dem Fell, schloß den Deckel auf und stieg hinunter, die Förster hinterdrein.

«Der Bär ist ausgegangen», sagte der Bär schnüffelnd, «aber es kann noch nicht lange her sein, es riecht stark nach ihm.» Dann torkelte er zurück in den Krug zum zwölften Ende und die Förster hinterdrein.

Sie tranken gewaltig nach der Anstrengung, aber die Menge, die der Bär trank, war wie ein Schmelzwasser, das die Brücken fortreißt.

«Um Vergebung», sagten die Förster erschrocken. «Sie sind ein großartiger Oberförster.»

Der Bär sagte: «Der Bär steckt nicht im Walde, und der Bär steckt nicht in seinem Loch; es bleibt nur eins, er steckt unter uns und hat sich als Förster verkleidet.»

«Das muß es sein», riefen die Förster, und sie blickten einander mißtrauisch und scheel an.

Es war aber ein ganz junger Förster dabei, der einen verhältnismäßig kleinen Bart hatte und nur wenige Geweihe und überhaupt der Schwächste und Schüchternste war von allen. So beschlossen sie, dieser sei der Bär. Sie krochen mühsam auf die Bänke, stützten ihre Bärte auf die Tische und langten mit den Händen an der Wand empor.

«Was sucht ihr denn?» rief der junge Förster.

«Unsere Flinten», sagten sie, «sie hängen leider an den Haken.»

«Wozu die Flinten?» rief der junge Förster.

«Wir wollen dich doch schießen», antworteten sie, «du bist doch der Bär.»

«Ihr versteht überhaupt nichts von Bären», sagte der Bär. «Man muß untersuchen, ob er einen Schwanz hat und Krallen an den Tatzen», sagte der Bär.

«Die hat er nicht», sagten die Förster, «aber, Potz Wetter! Sie selbst haben einen Schwanz und Krallen an den Tatzen, Herr Oberförster.»

Die Frau des Bären kam zur Tür herein und war zornig. «Pfui Teufel», rief sie, «in was für Gesellschaft du dich herumtreibst.»

Sie biß den Bären in den Nacken, damit er nüchterner würde, und ging mit ihm weg.

«Schade, daß du so früh kamst», sagte der Bär im Walde zu ihr, «eben hatten wir ihn gefunden, den Bären. Na, macht nichts. Andermal ist auch ein Tag.»

204

Gute Nacht, lieber Bär

Der Bär, der Bär,
wo kommt er her?
Von Konstanz kommt
er her, der Bär.
Wo will er hin,
was sucht er, was?
Dich beißen will er
in die Nas'!

Ein sehr alter weißer Bär
von Renate Welsh

Der weiße Bär saß seit vielen Jahren zwischen dem dunkelgrünen und dem gelben Kissen. Er wurde nur aufgehoben, wenn die Sofakissen ausgeschüttelt wurden. Manchmal vergingen Wochen, ohne daß er eine Menschenhand spürte.

Der weiße Bär saß da und dachte an vergangene Zeiten.

Wenn Regen in der Luft lag, spürte er die Naht im rechten Bein. Dort hatte ihn ein Hund erwischt. Das war dreißig Jahre her, oder noch etwas länger. Der weiße Bär erinnerte sich genau, wie sein kleines Mädchen hinter dem Hund hergerannt war. Er erinnerte sich, wie sie geschrien hatte. Er erinnerte sich, wie sie in seinen weißen Bauch weinte. Und wie ihre Mutter die Holzwolle zurückstopfte in das Bein und die Wunde zunähte. Seither war das rechte Bein ein wenig dünner als das linke.

Seine rechte Pfote fehlte. Das war beim Karussellfahren passiert. Der weiße Bär war ins Gestänge geraten, als sein kleines Mädchen auf einem schwarzen Pferd ritt und in die Hände klatschte. An den Fußsohlen hatte der weiße Bär Lederflecke. Dort war der Stoff aufgegangen. Der weiße Bär wußte nicht, wieso. Er war nie viel zu Fuß gegangen. Meist hatte ihn sein kleines Mädchen herumgeschleppt.

Er hatte oft gebrummt, wenn sie ihn einfach nachschleifen ließ. Jetzt konnte er schon lange nicht mehr brummen. Die Feder in seinem Bauch war irgendwann einmal gesprungen.

Sein kleines Mädchen kam ins Zimmer und setzte sich an den Schreibtisch, ohne den weißen Bären anzusehen.
Er kränkte sich.
Eigentlich hätte er längst daran gewöhnt sein müssen.
Aber er konnte sich nicht daran gewöhnen.
Er wäre gern hin- und hergerutscht.
Aber er war steif vom langen Sitzen.
Er guckte vor sich hin.
Sein kleines Mädchen klapperte auf der Schreibmaschine.
Ihre Ellbogen gingen auf und ab, auf und ab.
Sie war gar kein kleines Mädchen mehr.
Sie war eine Frau.
Sie hatte selbst Kinder.
Die hatten auch mit dem weißen Bären gespielt. Aber anders. Sie hatten mit ihm gespielt und ihn dann tagelang liegen gelassen. Einmal sogar in einer Pfütze. Davon stammten die dunklen Flecke und die kahlen Stellen in seinem Fell.
Und jetzt waren auch die Kinder schon groß und sahen ihn nicht mehr an.
Der weiße Bär hätte gern geseufzt.
Aber das konnte er nicht.
Er war nur traurig.
Er fühlte sich unnütz.
Niemand brauchte ihn.

208

Eines Tages kam ein fremder Junge zu Besuch.

Der fremde Junge stieg auf das Sofa und holte alle Bücher vom Regal. Eines fiel dem weißen Bären auf den Kopf.

Der fremde Junge blätterte die Bücher so schnell durch, daß es klang, als rausche der Wind durch die Seiten.

Der fremde Junge drehte das Radio auf, daß es dröhnte.

Der fremde Junge rannte grölend durch die Wohnung.

Plötzlich klirrte irgendwo Glas.

Dann hörte der weiße Bär lautes Weinen.

Sein kleines Mädchen sprang auf und rannte hinaus.

Der weiße Bär hörte Wasser rinnen.

Er hörte, wie eine Schublade aufgerissen wurde.

Er hörte eine Schere schnappen.

Er hörte murmelnde Worte.

Dann kam sein kleines Mädchen zurück. Sie trug den fremden Jungen.

«Ich will zu meiner Mama!» schrie der fremde Junge.

«Das geht jetzt nicht», sagte das kleine Mädchen. «Das weißt du doch.»

Sie legte den fremden Jungen auf das Sofa.

Er schluchzte laut.

Er hatte einen großen weißen Verband an der Hand.

Er zappelte und strampelte.

Der weiße Bär wurde hin- und hergeschüttelt.

Sein kleines Mädchen sagte zu dem fremden Jungen: «Ich habe jemanden für dich.»

Sie hob den weißen Bären auf.

Sie fuhr über seinen kahlen Kopf.

«Der kann wunderbar trösten», sagte sie und legte den weißen Bären in die Armbeuge des fremden Jungen. «Er hat mich immer getröstet, wenn ich traurig war.»

Der fremde Junge sah den weißen Bären an.

«Was ist mit seiner Pfote?» fragte er.

Der weiße Bär mochte es nicht, wie ihn der fremde Junge ansah. Sein kleines Mädchen erzählte die Geschichte von der Pfote. Der fremde Junge hörte zu. Hin und wieder schnupfte er auf. Der Bär hörte auch zu.

Sein kleines Mädchen erzählte die Geschichte vom Bein.

Und die Geschichte von der kahlen Schnauze.

Der fremde Junge drückte den Bären an sich.

Der weiße Bär spürte die warme Haut des fremden Jungen.

Die kahle weiße Bärenschnauze kam in die Halsgrube des fremden Jungen.

Der fremde Junge fing an zu lachen.

«Das kitzelt ja!» sagte er und zappelte.

Der weiße Bär wurde wieder hin- und hergeschüttelt.

Aber das war ganz anders als zuvor.

Sein kleines Mädchen sah ihn an, so wie sie ihn früher angesehen hatte. Ganz früher.

«Siehst du», sagte sie zu dem Jungen, «er mag dich, mein Bär. Ich muß jetzt in die Küche gehen, aber er bleibt bei dir.»

Der Junge drückte den weißen Bären noch fester an sich.

Ich bin nicht mehr unnütz, dachte der weiße Bär.

Ich bin wieder nütz.

Ein Bär, der gebraucht wird.

Ein Bär, der trösten kann.

Wenn du schläfst
von Max Bolliger

Wenn du schläfst,
zupft dich einer am Ohr
und brummt dir was vor,
er stupft dich am Bauch
und kitzelt dich auch. –
Er lacht –
und wenn du erwachst,
schaut er dich an,
als ob gar nichts wär –
dein alter brauner Bär.

Die drei Bären
von Leo Tolstoi

Ein Mädchen ging von zu Hause fort in den Wald, verlief sich im Wald und fing an, den Heimweg zu suchen. Es konnte den Weg nicht finden, kam aber an ein Häuschen. Die Tür war offen, das Mädchen schaute hinein und sah: Im Häuschen ist niemand. Da ging es hinein.

Im Häuschen lebten drei Bären. Ein Bär war der Vater und hieß Michael. Er war groß und hatte ein Zottelfell. Der andere Bär war die Bärenmutter. Sie war ein wenig kleiner und hieß Anastasia. Der dritte Bär war der Bärenbub, und er hieß Mischa. Die Bären waren nicht daheim, sie gingen im Wald spazieren.

Im Häuschen waren zwei Zimmer. Eins war die Wohnküche, das andere das Schlafzimmer. Das Mädchen ging in die Wohnküche und sah auf dem Tisch drei Schüsseln mit Brühe. Die erste Schüssel war riesengroß und war für Michael. Die zweite Schüssel war etwas kleiner und war für Anastasia. Die dritte Schüssel war blau und nur ein Schüsselchen und war für Klein Mischa. Neben jeder Schüssel war ein Löffel: ein großer, ein mittlerer und ein kleiner.

Das Mädchen nahm zuerst den großen Löffel und löffelte aus der großen Schüssel. Dann nahm es den mittleren Löffel und löffelte aus der mittleren Schüssel, dann nahm es den kleinen Löffel und löffelte aus dem blauen Schüsselchen; und die Klein-Mischa-Suppe schmeckte ihm am allerbesten. Das Mädchen wollte sich hinsetzen und sah drei Stühle am Tisch: Einen ganz großen, der war für Michael; einen zweiten, der war ein wenig kleiner und war für Anastasia; und einen dritten, der war klein und hatte ein blaues Kissen und war für Klein Mischa. Das Mädchen kletterte auf den großen Stuhl und fiel herunter; kletterte auf den zweiten Stuhl und fühlte sich auf ihm nicht recht sicher; setzte sich auf den kleinen Stuhl und lachte: So war es wunderbar.

Das Mädchen nahm das blaue Schüsselchen auf die Knie und fing an zu essen. Aß die Brühe auf und fing an, auf dem Stuhl zu schaukeln. Der kleine Stuhl fiel um, ein Stuhlbein brach, und das Mädchen purzelte auf den Boden. Stand aber gleich wieder auf, stellte den kleinen Stuhl wieder an den Tisch und ging ins andere Zimmer.

Dort standen drei Betten. Das erste, das große, das war für Michael. Das zweite, das mittlere, das war für Anastasia. Das dritte, kleine, das war für Klein Mischa. Das Mädchen legte sich in das große Bett und hatte viel zuviel Platz drin. Legte sich in das mittlere und fand auch das noch zu groß. Legte sich zuletzt in das kleine, und das war grad recht, und das Mädchen schlief ein.

Und die Bären kamen heim und hatten einen Bärenhunger und wollten Mittagessen. Der große Bär nahm seine Schüssel, schaute und schaute und brüllte dann fürchterlich: «Wer hat aus meiner Schüssel gelöffelt?» Die Bärenmutter nahm ihre Schüssel und schaute und schaute und brüllte nicht ganz so laut: «Wer hat aus meiner Schüssel gelöffelt?» Und Mischa sah seine leere Schüssel und schaute und beklagte sich mit einer Stimme, dünn wie ein Faden: «Wer hat aus meinem Schüsselchen gelöffelt und alles ausgelöffelt?» Michael besah seinen Stuhl und brüllte mit schrecklicher Stimme: «Wer hat auf meinem Stuhl gesessen und ihn von seinem Platz verrückt?» Anastasia besah ihren Stuhl und brüllte nicht ganz so laut: «Wer hat auf meinem Stuhl gesessen und ihn von seinem Platz verrückt?» Und Mischa betrachtete sein zerbrochenes Stühlchen und piepste: «Wer hat auf meinem Stühlchen gesessen und es zerbrochen?» Die Bären gingen ins andere Zimmer. «Wer hat in meinem Bett gelegen und es zerwühlt?» brüllte Michael mit schrecklicher Stimme. «Wer hat in meinem Bett gelegen und es zerwühlt?» brüllte die Bärenmutter nicht ganz so laut. Und Mischa stellte einen Schemel an sein Bett, kletterte hinein und piepste mit hoher Stimme: «Und wer hat in meinem Bettchen gelegen?» – Und auf einmal sieht er das Mädchen und stößt einen Schrei aus: «Da ist sie! Haltet sie! Da ist sie! Da ist sie, haltet sie auf!» Aber das Mädchen schlug auch schon die Augen auf, sah die Bären und sprang ans Fenster. Das Fenster war offen, das Mädchen sprang aus dem Fenster und lief davon. Und die Bären erwischten es nicht.

Der Koala-Bär
von Gina Ruck-Pauquet

In der Bärensiedlung wohnen lauter nette Bären. Es sind sozusagen Bären von heute. Sie haben Waschmaschinen, Fernseher, Autos, Ordnung und Sauberkeit.
Die Stimmung in der Bärensiedlung ist überwiegend friedlich. Um sieben in der Früh stehen alle Bären auf, um acht fangen sie mit der Arbeit oder mit der Schule an, und von zwölf bis eins machen sie Mittagspause.
Abends um elf ist Ruhe in der Bärensiedlung. Höchstens daß man jemand schnarchen hört.
Und da kommt nun eines Tages der Koala daher und bringt alles durcheinander!
Zuerst hatten sich die Bären ja gefreut, als der Koala-Bär kam. Das kleine Haus auf dem Hügel stand nämlich leer. Und außerdem waren sie vorher neunundneunzig Bären gewesen, und nun waren sie hundert.
Der Koala-Bär hatte immer ein Lächeln um die Schnauze. Er besaß keine schreienden Kinder und hatte überhaupt keine Familie. Einen Hund hatte er auch nicht. Und da er Koala hieß – was bedeutet: Ich trinke nicht –, war außerdem die Garantie dafür gegeben, daß er kein Alkoholiker war. Er war also ein rundherum angenehmer Bär.
Da waren alle sehr glücklich.
In der Tat trank der Koala-Bär nicht einmal Limonade. Er lebte ausschließlich von Eukalyptusblättern.
«So ein solider Bär!» sagten die Leute.

216

Aber damals wußten sie es eben noch nicht.

Als der Koala dreizehn Tage in der Bärensiedlung wohnte, war Vollmond. Und da geschah es zum erstenmal:
Während alle anderen ordentlich auf dem Bärenfell lagen
und schliefen, stieg der Koala auf den Dächern herum
und sang! Ganz ehrlich gesagt – eigentlich haben es nur
die nächsten Nachbarn gehört. Aber die haben sich über
diese Ungeheuerlichkeit so sehr aufgeregt, daß zum
Schluß die ganze Bärensiedlung vor Empörung außer sich
war.

Da wagte es dieser hergelaufene Pelzfetzen doch wahrhaf-
tig, nachts herumzugrölen!

«Nachts wird geschlafen!» sagten sie, die Zottels und
Fellinskis, die Teddys, Schnuffels, Petzens, Grislys, Muffelbrumms und wie sie alle so hießen.

Sie liebten nichts so sehr wie ihre Ordnung. Und der
Koala verstieß dagegen.

Nun waren sie alle unglücklich.

Nur der kleine Waschbär war nicht unglücklich. Er fand
es interessant.

«Was singt er denn?» fragte er.

«Halt den Mund, wenn Erwachsene reden!» sagte sein
Vater und schlug ihm den Waschlappen auf die Nase.

Wenn der Mond schrumpfte, war der Koala still. Aber
sobald es wieder Vollmond war, tappte er über die Dä-
cher und sang. Er konnte überhaupt nichts dafür, er war
nämlich mondsüchtig.

Die Bären aber ärgerten sich grün und blau. Und einem
schlug der Zorn auf die Leber. Der wurde dann gelb, weil
er die Bärengelbsucht kriegte.

Sie schliefen jetzt auch in den Nächten mit abnehmendem Mond nicht mehr. Immer warteten sie darauf, daß der Koala singen würde und daß sie sich darüber aufregen mußten.

Am Tag waren sie müde und mürrisch. Die Stimmung in der Bärensiedlung war überwiegend unfreundlich.

Der Koala merkte übrigens von alldem nichts. Er war von Beruf Maulwurfforscher und hielt sich überwiegend unter der Erde auf. Es war ein ruhiger Job, weil die Maulwürfe viel schlafen.

Wenn der Koala abends heimkam, freute er sich, wieder oben zu sein. Dann atmete er tief und lächelte und fand das Leben schön. Und daß er in Vollmondnächten sang, das wußte er nicht, denn es hatte ihm nie jemand gesagt.

Sehr laut sang der Koala ja auch nicht. Weil aber die Zottels und Fellinskis, die Teddys, Schnuffels, Petzens, Grislys, Muffelbrumms und wie sie alle hießen, wissen wollten, was er sang, kauften sie sich Hörrohre und lauschten.

Und da hörten sie, was er sang:

Schwebt ein Vöglein übers Dach,
Singt die dicken Bären wach.
Bringt sie auf die Pfoten,
Rufen: 's ist verboten!
Sing ein bißchen leise!
Scheiße! Scheiße! Scheiße!

«Das ist eine Ungeheuerlichkeit!» sagten die Bären. «Das können wir nicht länger dulden!»

Der kleine Waschbär mußte lachen. Dafür fing er dann eine von seiner Mutter.

218

«Steckt euch doch Watte in die Ohren!» rief er und lief weg.

Aber das taten die Bären nicht. Sie wurden sehr böse.

«Ruhe!» schrien sie. «Ruhe!»

Da schreckte der Koala-Bär aus dem Traum auf und fiel vom Dach. Bums!

Als er aus dem Hospital entlassen wurde, war er von seinen Knochenbrüchen und auch von der Mondsucht geheilt.

Nun singt er nicht mehr. Er ist genauso wie die anderen Bären auch.

«Na bitte!» sagen die Zottels, Fellinskis, Teddys, Schnuffels, Petzens, Grislys, Muffelbrumms und wie sie alle heißen.

Und sie sind alle wieder sehr glücklich.

Nur der kleine Waschbär nicht.

Minimax und seine Freunde

220

Angela Hopf 77

Bärenglück
von Martin Ripkens
und Hans Stempel

Ein Bär läuft durch den Winterwald.
Der Winterwald ist bitter kalt.
Der Bär trägt einen Hut,
der ihn behüten tut.

Da hat der Bär den Hut verloren.
Da friert der Bär an Nas' und Ohren.
Da läuft er flink zur Mutter heim.
Da schlürft er Milch mit Honigseim.
Da brummt der Bär und lacht.
Jetzt schlaf schön. Gute Nacht!

Der Bär und der Vogel
von Janosch

Es war einmal ein Bär, der lebte sieben Meilen weg von den Leuten, am Fuße eines Berges und bewohnte dort eine kleine, freundliche Höhle.

Im Sommer ging es ihm gut, verdiente er doch seinen Lebensunterhalt mit Bienenzucht und Honighandel, Beerensammeln und ähnlichen kleineren Arbeiten.

Auch mit den Waldleuten vertrug er sich gut, weil er leutselig war, auch niemals hinterlistig oder nachtragend, wenn ihn jemand im Spaß oder aus Versehen gehänselt hatte. Gemeinheit oder Bosheit waren ihm fremd, und er war für die anderen Tiere so wie ein lieber Großvater. Sie kamen zu ihm und flüsterten ihre Sorgen in sein Ohr, der Bär sagte nie etwas weiter.

Auch im Winter ging es ihm nicht schlecht. Er hatte ja einen warmen Mantel aus Bärenfell, und er hatte kleine Vorräte in seiner Höhle angelegt, die fast immer ausreichten.

Er hatte Honig, etwas Espenlaub (was zerrieben, mit Pilzen und Schnee angerührt, mit Honig gesüßt, ein wunderbares Bärenmahl ergibt), und er hatte Baumblätter sauber gefaltet unter seinem Kopfkissen gesammelt, auf denen er an langen Winterabenden die Geschichte vom Sommer lesen konnte.

Nur im letzten Winter, da war es besonders kalt. Der

Wind hatte dem Bären den Schnee bis direkt vor das Bett geweht. Die Luft war wie kaltes Glas, und die Vögel fielen erstarrt in den Schnee. Und als die Heilige Nacht kam, stand der Mond kümmerlich und blaß am Himmel.

Dem Bären war es so kalt wie noch nie, und er sagte sich: «Es ist so kalt, daß ich es nicht mehr aushalten kann. Ich werde jetzt in die Stadt gehen zu den Menschen. Vielleicht treffe ich einen Bekannten oder finde einen warmen Platz am Ofen, oder jemand schenkt mir eine Brotsuppe. Heute ist die große Nacht, da sind die Menschen gut zueinander.» Da hatte er auch recht.

Er rieb sich die Pfoten, ging vor die Höhle und rief in den Wald: «Geht jemand mit in die Stadt? Es gibt eine warme Brotsuppe und ein schönes Fest. Niemand?»

Bloß das Echo rief zurück: Niemand.

Da ging der Bär allein den Rehweg entlang, der ja geradeaus zu den ersten Häusern führt. Lieber wäre er nicht allein gegangen, denn der Weg ist besser, wenn man ihn zu zweit wandert. Manchmal blieb er deshalb stehen, hielt die Pfoten an die Schnauze und rief: «Niemand, der mitgeht in die Stadt? Es gibt ein großes Fest.»

Aber es kam keine Antwort.

Und als es immer kälter wurde und der Bär nach vorn fiel, in den Himmel sah und dann die Augen schloß, kam ein kleiner Vogel geflogen, setzte sich auf sein Ohr, pickte ihn und sagte: «Kalt ist es, Bär! Könntest du mich ein Stück tragen? Ich kann nicht mehr fliegen wegen der Kälte, und ich würde dir ein bißchen vorsingen.»

Da stand der Bär auf, nahm den federleichten Vogel auf seine Schulter, und sie gingen zusammen in die Stadt.

224

Während sie gingen, versuchte der Vogel ein Lied, so gut es bei der Kälte möglich war. Der Bär lauschte, der Sommer fiel ihm wieder ein, und er ging ganz vorsichtig, um die Melodie nicht zu verwackeln.

Es war schon mitten in der Nacht, als sie in die Stadt kamen. Hinter den Fenstern waren die Kerzen ausgebrannt, und die Leute waren unterwegs in die Kirche. Der Bär ging hinter ihnen her und lauschte dem Lied, das der Vogel ihm ganz leise ins Ohr sang. In seinen Augen ging ein kleines Licht auf. Der Vogel sah es, wärmte sich daran, und bald schnitt ihnen auch die Kälte nicht mehr so in die Beine.

Als sie an der Kirche ankamen, ließ der Küster sie nicht hinein: «Bären und Vögel haben hier bitte keinen Zutritt. Das ist die Vorschrift. Auch kann ich keine Ausnahme machen, denn die Kirche ist überfüllt. Kinder und alte Frauen könnten sich ängstigen. Morgen oder übermorgen geht es vielleicht, denn meistens bin ich nicht so streng.» Das letzte sagte er, weil heute Weihnachten war.

Aber dem Bären und dem Vogel war das egal. Sie froren nicht mehr und setzten sich neben die Tür. Der Himmel war ihnen wie ein großes Dach, und die Welt hatte keinen Anfang und kein Ende.

Kinder kamen vorbei und sagten zu ihren Müttern und Vätern: «Was ist dort mit dem Bären? Ist er ein verwunschener Prinz oder etwa der Bärenkönig persönlich?»

«Kein Prinz und kein König», sagten die Eltern, «wir haben jetzt keine Zeit, und morgen werden wir ihm etwas zu fressen bringen. Schluß jetzt!»

Als der Vogel immer leiser sang und der Bär sah, daß er

225

die Augen zuhatte, verbarg er ihn vorsichtig und warm in seinen Pfoten und rührte sich nicht, um ihn nicht zu wecken. Auch dem Bären fielen bald die Augen zu, und er träumte das Lied zu Ende.

Inzwischen kamen die Leute aus der Kirche, gingen vorbei und nach Haus, denn das Fest hatte sie müde gemacht. Die Kirchentür wurde verschlossen, und der Küster hatte Feierabend.

Als die Nacht aber am höchsten war, kam ein Engel vorbei und trug die beiden zurück in einen Wald, in dem es niemals wieder so kalt wurde.

Gustav Bär erzählt
eine Gute-Nacht-Geschichte
von Tilde Michels

«Wovon soll ich heute erzählen?» fragt Gustav Bär.

«Von Olga und dem kleinen Bären», sagt Cilli. «Ob er mit ihr gespielt hat und ob er sie leiden mochte.»

«Also gut», sagt Gustav Bär. «Es war einmal ein kleiner Bär, der hatte plötzlich eine Schwester bekommen. Sie hieß Olga und war genauso alt wie er.»

«Die hatte der Vater nämlich im Wald gefunden», sagt Cilli.

«Richtig», fährt Gustav fort. «Olga gehörte jetzt also zur Familie. Für den kleinen Bären war das zuerst gar nicht einfach. Er wollte seine Spielsachen nicht mit Olga teilen, und es gefiel ihm nicht, daß sie immer das gleiche bekam wie er.

227

Wenn nämlich Tante Lillibär ihm ein Honigplätzchen schenkte, dann schenkte sie auch Olga eins. Wenn der Vater ihm eine Sandschaufel schnitzte, dann schnitzte er auch eine für Olga. Wenn die Mutter ihm einen Gutenachtkuß gab, dann bekam auch Olga einen Kuß.

Alle waren lieb zu Olga, und der kleine Bär dachte: Vielleicht haben sie mich jetzt nicht mehr so lieb. Aber das stimmte gar nicht!

Einmal nahm ihn die Mutter auf den Schoß und sagte: ‹Wie bin ich froh, daß ich meinen kleinen Bären habe.›

‹Und Olga?› fragte der kleine Bär schnell.

‹Olga›, antwortete die Mutter, ‹ist jetzt auch mein Kind. Aber dich hab’ ich trotzdem genauso lieb wie immer. Das ist doch klar!›

Da hat der kleine Bär in die Hände geklatscht und gejubelt: ‹Das ist doch klar!›

Eigentlich war es mit Olga viel lustiger als allein. Sie spielten zusammen Verstecken. Sie kugelten die Grashügel hinunter. Sie kletterten auf Bäume und sprangen von oben ins weiche Moos.

Eines Morgens schaute die Mutter aus der Höhle und sagte: ‹Heut ist ein Regentag, ein grauer nasser Regentag.› Tante Lillibär rührte in einer Tasse mit Honigmilch und sagte: ‹Heute ist ein Höhlentag. Da müssen kleine Bären im Haus bleiben. Draußen holen sie sich nasse Füße und einen Schnupfen.›

Olga und der kleine Bär liefen zur Tür und steckten die Nasen ins Freie. Es tripfte und tropfte vom Himmel herunter.

‹Regen ist schön›, sagte Olga.

229

‹Regen ist wunderschön›, bestätigte der kleine Bär.

Sie lauschten hinaus, wie es tripfte und tropfte, und sie hielten ihre Pfoten in den Regen.

Überall standen Pfützen.

‹So viel schöne Matschepatsche›, sagte Olga.

‹Wir wollen hinaus›, sagte der kleine Bär.

‹Wartet, bis es nicht mehr so gießt›, sagte die Mutter.

Kaum hatte der Regen ein bißchen nachgelassen, da rannten die beiden Bärenkinder hinaus. Sie patschten in den Pfützen herum. Sie wateten durch den Schlamm. Sie bespritzten sich mit Matschepatsche, bis sie vom Kopf bis zu den Pfoten schwarz waren.

‹Huch!› rief Tante Lillibär, ‹was sind denn das für zwei Ungeheuer?›

Da lachten die beiden Ungeheuer und sagten: ‹Wir sind doch Olga und der kleine Bär!›

‹Das glaube ich nicht›, sagte die Mutter. ‹Ich muß erst mal sehen, was unter dem Dreck ist.›

Sie packte die beiden kleinen Ungeheuer, steckte sie in die Badewanne und schrubbte ihnen das Fell so lange, bis Olga und der kleine Bär wieder zum Vorschein kamen.

Tante Lillibär kam gleich mit zwei Bechern heißer Honigmilch an. ‹Das ist gut gegen Erkältung›, sagte sie.

Olga und der kleine Bär waren gar nicht erkältet. Aber die Honigmilch hat ihnen trotzdem geschmeckt.»

Gustav Bär reibt sich die Augen. «Honigmilch!» sagt er. «Morgen früh mache ich uns Honigmilch zum Frühstück. – Und jetzt schlaft! Gute Nacht.»

Der Bär, der Fuchs und der Hase
von Sergej Michalkov

Eines Tages, als der Bär durch den Wald spazierte, begegnete er einem Hasen.

«Hallo, Plattfuß», rief der Hase im Vorübergehen.

«Plattfuß», sagte der Bär verletzt, «was meinst du damit?»

«Nichts», sagte der Hase. «Jeder nennt dich so.»

Der Bär ging weiter und schüttelte den Kopf. Vielleicht habe ich mich verhört, dachte er nach einer Weile.

Doch als er das nächste Mal dem Hasen begegnete, geschah das Gleiche.

«Hallo, Plattfuß», rief der Hase. «Wie geht's, wie steht's?»

Der Bär blieb verwirrt stehen. «Bitte, Hase», sagte er, «was soll das bedeuten, was heißt Plattfuß?»

«Als ob du das nicht wüßtest», lachte der Hase. Und im Weiterhoppeln rief er: «Plattfuß, alter Plattfuß, blöder Plattfuß.»

Na warte, dachte der Bär, dir werde ich zeigen, was ich für Tatzen habe. Und er trottete ihm nach und versetzte dem Hasen einen Tatzenhieb, daß der nur so durch die Luft flog.

Später tat es ihm leid, und als er den Hasen wiedersah, ging er rasch auf ihn zu, um sich zu entschuldigen. Doch in seiner Hast trat er dem Hasen auf die Hühneraugen.

232

«Aua, hilfe, ich sterbe, du hast mir die Pfote abgerissen», schrie der Hase.

Er jammerte so laut, daß der Bär ihn schließlich in seine Höhle trug und ihn dort vorsichtig auf das weiche Bärenbett legte.

Ich muß den armen Hasen versorgen, bis er wieder richtig gehen kann, dachte der Bär. Und er lief in den Wald und sammelte all die Dinge, die Hasen gerne fressen.

Der Hase, dem die Pfote schon längst nicht mehr wehtat, ließ sich verwöhnen. «Warum bringst du mir immer nur Karotten», beschwerte er sich am dritten Tag. «Vorgestern Karotten, gestern Karotten, heute Karotten. Es reicht wohl nicht, daß du mir die Pfote zerquetscht hast, jetzt soll ich auch noch verhungern! Aber daraus wird nichts, Bär. Morgen bringst du mir junge Erbsen und Honig.»

Also machte sich der Bär am nächsten Morgen auf, um junge Erbsen und Honig zu sammeln. Unterwegs begegnete er dem Fuchs.

«Wohin so eilig, Bär», fragte der Fuchs.

«Ich muß dem Hasen Honig und junge, süße Erbsen bringen», sagte der Bär, und er erzählte dem Fuchs, was sich zugetragen hatte.

«Der Hase braucht einen Arzt, keine jungen Erbsen», sagte der Fuchs, als der Bär geendet hatte. «Ein Glück, daß du mir begegnet bist. Ich verstehe mich aufs Heilen. Bringe mich zum Hasen, und du wirst sehen, wie schnell er wieder auf den Beinen ist.»

Der Bär zögerte. Von den Heilkünsten des Fuchses hatte er noch nie gehört. Doch weil er gegenüber dem Hasen ein schlechtes Gewissen hatte, brachte er den Fuchs zu seiner Bärenhöhle.

Der Hase fing an zu zittern, als er den Fuchs sah.

«Du hast recht», sagte der Fuchs und leckte sich die Lippen. «Es geht ihm wirklich schlecht. Sieh nur, wie er vor Fieber zittert. Ich nehme ihn mit zum Wolf. Der versteht sich auch aufs Heilen. Gemeinsam wird es uns schon gelingen, den Hasen von seinen Schmerzen zu erlösen.»

Als er das hörte, sprang der Hase auf, schlug einen Haken und war wie der Blitz aus der Höhle verschwunden.

«Hab' ich dir nicht gesagt, ich hätte ihn schnell wieder auf den Beinen?» rief der Fuchs und rannte hinter dem Hasen her.

Der Bär sah den beiden verwundert nach. Man lernt doch nie aus, dachte er. Dann machte er es sich auf seinem weichen Bärenlager bequem, um endlich wieder einmal auszuschlafen. Denn solange der Hase bei ihm gewesen war, hatte der Bär auf dem harten Boden schlafen müssen.

Es las ein Bär ein Buch im Bett
von Josef Guggenmos

Es las ein Bär ein Buch im Bett.
Es blitzte draußen und krachte.
Der Bär lag, las und lachte.
Was las der Bär,
was las er im Bett?
Er las dies Buch
von
A – B – C – D – E – F – G – H –
I – J – K – L – M – N – O – P –
Q – R – S – T – U – V – W – X – Y
bis Zett!

Nachwort für große Leser
von Jutta Radel

Als der Heidelbeerbär vom Himmelrand herunter und immer tiefer sprang und dann auf Peters Bettdecke landete, da ahnte ich, daß die beiden dicke Freunde würden. Das war zu der Zeit, da ich schon vielen Bärenspuren gefolgt war. Bruder und Schwester Bär auf ihrem ersten Ausflug rund um die Bärenhöhle; dem glatzköpfigen Bärchen auf der Suche nach Haaren; Großvater Bär in den kalifornischen Nationalpark; zwei Teddybären auf den Rummelplatz; einer ganzen Bärengesellschaft zu den Honigbäumen. Nun plötzlich wußte ich, daß ich einem Tier nachgegangen war, zu dem wir Menschen ein besonderes Verhältnis haben. Und für Kinder ist er gar Freund Nummer eins in ihrem Spielzeugreich. Was mochte der Grund sein?

Dem Bären sind eine Reihe von Merkmalen zueigen, die wir als menschlich empfinden. Er geht wie ein Mensch, setzt die Fersen zuerst auf und hält die Knie beim Laufen nach vorn. «In einem Schneefeld entdeckte der Mann die Abdrücke von Füßen, wie von einem riesigen Menschen, aber an den Zehen waren Krallen», weiß Anne Faber über Orsa zu erzählen. Wie groß die Bärenmutter erst gewirkt haben muß, als sie aufrecht stand? Auch das gehört zu ihm: der Bär kann aufrecht gehen, und wenn er seinesgleichen begegnet, umarmen sie sich – so wie wir, wenn wir jemanden gern haben. Vom Reiz der Bewegung, vom tollenden, tolpatschigen und vom tänzelnden Bären sind Kinder hingerissen. Das verlockt zum Spielen und Nachahmen. In rhythmischen Gedichten und schon in alten Neckversen spiegeln sich manch' Bärenarten und -unarten wieder.

«In Polen brummt ein wilder Bär:
Ihr Bienen gebt mir Honig her»,
heißt es in einer Fabel von Christian F. Dinter. Der vernaschte Bär, der Süßes schleckt, der aber auch sonst kein Kostverächter ist, der Fleisch frißt und Beeren und Gemüse – wie wir. Dieser Bär ist auch ein mächtiges Tier. Er ist groß von Wuchs, und er ist stark. Er ist gutmütig, er bietet Schutz, er hilft, er greift in der Natur keinen Menschen an, und Mutter Bär ist unendlich geduldig mit ihren Jungen. Das ist eine Kombination von Kindlich-verspieltem einerseits und Groß-kraftvollem andererseits, in der Kinder unbefangen ein Stück lebendige Selbsterfahrung finden.

Diesen Bären müssen die Kleinen liebhaben, den Teddy-bären, in den sie alles hineindenken können. Den Wunsch, stark zu sein, und das Vertrauen, doch klein bleiben zu dürfen, sich anzukuscheln, spielen, Unfug treiben, naschen. Davon bleibt selbst etwas im Bärenfell hängen, wenn er in seine ausgewachsene Gestalt zurück-kehrt und wenn aus den Kleinen die Großen geworden sind. Der weiße Bär, von dem Renate Welsh erzählt, saß schon viele Jahre in einer Sofaecke. Man hob ihn nur auf, wenn die Kissen ausgeschüttelt wurden. Doch dann braucht ein kleiner Junge Trost, und das einst kleine

Mädchen, das heute eine Frau ist, erinnert sich an ihren Bären. «Ich bin wieder nütz», denkt er. «Ein Bär, der gebraucht wird.»

Ja, so ist es. Meine Auswahl bringt nur einen kleinen Teil von vielen schönen Bärengeschichten, aber alle Texte und Bilder sind so typisch für das, was der Bär uns bedeutet, daß Erwachsene sie lieben werden, bald so wie Kinder.

Wir danken den Autoren und Illustratoren für ihre Originalbeiträge

Nortrud Boge-Erli
  Trostlied von den Sternen
  Überall gibt's Bären
Georg Bydlinski
  Der wasserscheue Bär
  Ein kleiner Kanon
  Es war einmal ein Ameisenbär
  Wenn die Bären Beeren pflücken
Anne Faber, Orso
Ursula Fürst, Weltbärenkonferenz
Friedl Hofbauer, Der Heidelbeerbär
Bernd Jentzsch, Elizers Liebestraum
Cristina Lastrego und Francesco Testa, Dicke Freunde
Mira Lobe, Hereinspaziert, hereinspaziert
Hans Manz, Ein Bär auf der Jagd
Sonja Matthes
  Rätselgeschichte
  Buchstaben-Salat
Felix Mitterer, Im Schaufenster
Hanna Muschg, Bruder Bär und Schwester Bär
Margret Rettich
  Eine unheimlich langweilige Bärengeschichte
  Eine ganz traurige Bärengeschichte
  Eine schrecklich aufregende Bärengeschichte
Martin Ripkens und Hans Stempel, Bärenglück

Fulvio Testa
  Erdbären und Berbären
  Hallo, ich bin ein Bär
Renate Welsh, Ein sehr alter weißer Bär
Emil Zopfi, Die nackten Bären

Wir danken für die Abdrucke

Hans Baumann, «Der Bär und seine Brüder».
  Mit freundlicher Genehmigung des Autors.
Ilona Bodden, «Kragenbär», «Bärenhunger» aus:
  Da blies der Hund den Dudelsack. Herder Verlag,
  Freiburg, 1977. Rechte bei der Autorin.
Max Bolliger, «Wenn du schläfst» aus:
  Wir lachen und weinen. Kaufmann Verlag, Lahr
Michael Bond, «Paddington kauft ein» aus:
  Paddington, Unser kleiner Bär. Mit Zeichnungen von
  Peggy Fortnum. Benziger Verlag, Zürich/Köln, 1968
Jean-Claude Brisville, «Ein Winter im Leben des Großen
  Bären». Verlag Fabbri und Praeger, München, 1974.
«Der Bruder des Bären» aus:
  Kurt Benisch, Indianersagen. Verlag Kremeyer und
  Scheriau, Wien, 1979
Günter Bruno Fuchs, «Entdeckung der Bärenhöhle» aus:
  Wanderbühne. Beltz Verlag Weinheim und Basel. Pro-
  gramm Beltz & Gelberg, 1976
Josef Guggenmos, «Es las ein Bär ein Buch im Bett»,
  «Sieben kleine Bären» aus:
  Josef Guggenmos, Es las ein Bär ein Buch im Bett.
  Georg Bitter Verlag, Recklinghausen, 1978

Sieben kleine Bären. Georg Bitter Verlag, Recklinghausen, 1971

Peter Hacks, «Der Bär auf dem Försterball» aus: Middelhauve/von Radowitz, Ich und du und die ganze Welt. Gertraud Middelhauve Verlag, Köln, 1979

Else Holmelund Minarik/Maurice Sendak, «Der kleine Bär fliegt zum Mond» aus:
Der kleine Bär. Verlag Sauerländer Aarau und Frankfurt am Main, 1971

Angela Hopf, «Minimax und seine Freunde», «Minimax und der Bär». Mit freundlicher Genehmigung der Illustratorin.

Janosch, «Der Bär und der Vogel» aus:
Lari, Fari, Mogelzahn. Beltz Verlag Weinheim und Basel. Programm Beltz & Gelberg

Paul Maar, «Der Bär und die Schlange» aus:
Onkel Florians fliegender Flohmarkt. Friedrich Oetinger Verlag, Hamburg, 1977

Tilde Michels, «Das Märchen von den Wundernüssen», «Gustav Bär erzählt eine Gute-Nacht-Geschichte» aus:
Gustav Bär erzählt Gute-Nacht-Geschichten. Mit Zeichnungen von Brigitte Smith. Benziger Verlag, Zürich/Köln 1980

A.A. Milne, «In Puwinkel wird ein Haus für I-Aah gebaut» aus:
Pu baut ein Haus. Mit Zeichnungen von E.H. Shepard. Atrium Verlag, Zürich

Martin Ripkens und Hans Stempel, «Buster aus dem Zirkus». Mit freundlicher Genehmigung der Autoren

Gina Ruck-Pauquet, «In jedem Wald ist eine Maus, die

Geige spielt», «Der Koala-Bär» aus:
In jedem Wald ist eine Maus, die Geige spielt. Georg
Bitter Verlag, Recklinghausen, 1970
Ginas Zoo. Rowohlt Taschenbuch Verlag, Reinbek,
1976. Rechte bei der Autorin.
László Varvasovszky, «Das Schneebärengedicht» aus:
Das Schneebärenbuch. it 381. Insel Verlag, Frankfurt,
1978
Brian Wildsmith, «Der Faulpelz».
Atlantis Verlag, Zürich, 1974